HAYMON taschenbuch **60**

Auflage:
4   3   2   1
2015   2014   2013   2012

HAYMON tb **60**

Originalausgabe
Haymon Taschenbuch, Innsbruck-Wien 2012
www.haymonverlag.at

Alle Rechte vorbehalten. Kein Teil des Werkes darf in
irgendeiner Form (Druck, Fotokopie, Mikrofilm oder in einem
anderen Verfahren) ohne schriftliche Genehmigung des Verlages
reproduziert oder unter Verwendung elektronischer Systeme
verarbeitet, vervielfältigt oder verbreitet werden.

ISBN 978-3-85218-860-7

Umschlag- und Buchgestaltung, Satz:
hœretzeder grafische gestaltung, Scheffau/Tirol
Coverfotos: Oben: Österreichisches Bundesheer
Unten: de.wikipedia.org/Taxiarchos228
Autorenfoto: Ludwig-Boltzmann-Institut

Gedruckt auf umweltfreundlichem,
chlor- und säurefrei gebleichtem Papier.

Stefan Karner
Steiermark
Vom Ersten Weltkrieg
bis zur Gegenwart

Stefan Karner
Steiermark
Vom Ersten Weltkrieg bis zur Gegenwart

Inhalt

Der Erste Weltkrieg: Die „Urkatastrophe" des Jahrhunderts
Politik 9
Das Land war vor dem Staate da: Der Beitritt der Steiermark zu „Deutsch-Österreich" 14

Das Bundesland Steiermark
Politik 18
Radikalisierung und Militarisierung 20
Um die Macht in Land und Staat: Rintelen und Pfrimer 22
Ausschaltung der Demokratie und Bürgerkrieg: „... und ganze Arbeit leisten" 31
Ständestaat und „Vaterländische Front" 36
Die Grazer „Volkserhebung" 40
Schuschnigg: „Es ist aus!" 43

Wirtschaft 43

Kultur und Wissenschaft 47

„Grenzgau": Die Aufwertung der steirischen Provinz
Politik 51
Verfolgung 57
Widerstand 63
Der Staat der Lager 66

Wirtschaft 68
Kriegswirtschaft 68
„Nahrung ist Waffe" 69
Steirische Rüstungsschmieden 71

Gesellschaft und Kultur 74
„Der steirische Weg der Betreuung des Volkes" 77
Kirchen 80
Wissenschaft: Eliminierung der Nobelpreisträger
und angewandte NS-Forschung 84
Zeitungen, Radio und Film: Trompeten
der NS-Propaganda 86

1945: Zusammenbruch und Neuanfang unter Besatzung
Politik 89
Der Wettlauf der Alliierten 92
Die NS-Opferbilanz 97
Die „Russenzeit" 98
Die Briten als Besatzer 104
Verwaltungsaufbau und Entnazifizierung 107
Neue Parteien und die ersten freien Wahlen 108
1948: Von Pirchegger zu Krainer 110
Die Stimmen der „Ehemaligen"
und die Gründung des VdU 116

Wirtschaft 118

Gesellschaft, Kunst und Kultur 122
Künstlerhaus und „Forum Stadtpark":
Signale des Richtungswechsels in der Kunst 124
Katholische Kirche: Aufbruch der Laien 125
Wissenschaft: Junge Forscher ins Ausland 127

Land am „Eisernen Vorhang"
Politik 130
„Heraus aus der Randlage!" 137
Die 68er-Bewegung 138
Die Krisen der siebziger Jahre 141
Wahlniederlagen der SPÖ 143

Die Parteien wechseln ihre Spitzen:
Von Niederl zu Krainer jun., von Sebastian zu Gross 146

Wirtschaft 151
Krisen, Sanierungen und erfolgreiche Privatisierungen 154

Gesellschaft, Kunst, Wissenschaft und Kultur 161
Die besondere Förderung von Wissenschaft
und Kunst 165
Der „steirische Herbst": Die Avantgarde
deutschsprachiger Literatur 168
„Trigon" 170
Wissenschaft: Spitzenleistungen werden seltener 172

1889/91: Die Grenzen fallen – die Steiermark im integrierten Europa
Politik 175
Die Landtagswahlen 1991 und 1995:
Die Lager brechen auf 181
Der politische Umbruch 2005:
Erstmals ein SPÖ-Landeshauptmann 190

Wirtschaft 196
Nach dem EU-Beitritt 1995: Die Steiermark holt auf 196

Gesellschaft und Kultur 198
Medien: Konzentration 202
Grazer Kunsthaus und „Kulturhauptstadt" Europas 204
Sport: „Sturm" und GAK, österreichische Fußballmeister 205

Resümee 208
Literaturhinweise 222
Register 225
Bildnachweis 231

Der Erste Weltkrieg: Die „Urkatastrophe" des Jahrhunderts

Politik

Am Anfang des „kurzen" 20. Jahrhunderts stand seine „Urkatastrophe", der Erste Weltkrieg. Als dieser am 28. Juli 1914 begann, spielte sich das Hauptgeschehen des Krieges für die Steirer an der russischen und ab 1915 auch an der italienischen Isonzofront ab. Jeder vierte Steirer stand im Kriegseinsatz: als Soldat an der Front oder bei der Versorgung der Truppe im Hinterland, als Rot-Kreuz-Schwester, als Arzt, Sanitäter oder Kriegsreporter. Die Folgen wirkten lange nach: Tausende Soldaten kehrten nie mehr heim, Frauen blieben allein mit ihren Kindern, hatten Männerrollen zu übernehmen, den Betrieb zu führen und allein für das Fortkommen der Familie zu sorgen. Kinder wuchsen ohne Väter auf. Verwundete, Kriegsinvalide, Kriegsblinde, Menschen mit verstümmelten Gliedmaßen prägten die Nachkriegsjahre. Kriegsgefangene, die erst nach vielen Jahren wieder zurück kehrten, vielfach aus den Weiten Sibiriens. Niemand kennt das Ausmaß an militärischen und zivilen Opfern dieses Krieges, niemand seine menschlichen Folgen und Traumata. Die einigermaßen gesicherten Zahlen sind dürr und können das Ausmaß des Schreckens nur unzureichend wiedergeben: 43.200 Kriegstote, drei Prozent der Bevölkerung.

Unter diesen extremen Bedingungen arbeitete man im Herzogtum Steiermark nach dem Kriegsleistungsgesetz von 1912. In die kriegswichtigen Betriebe zogen

Offiziere als Verwalter ein. Sie kontrollierten die Beschaffung und den Absatz der Produktion. Das Kriegsministerium konnte Fabriken übernehmen, Arbeiter von anderen Betrieben abziehen und überstellen. Mit dem Kriegswirtschaftlichen Ermächtigungsgesetz wurde 1917 schließlich nahezu die gesamte private Wirtschaft dem Kommando des Staates unterstellt.

Die Steiermark war mit ihren Betrieben in der Mur-Mürz-Furche und im Großraum Graz eine entscheidende Waffenschmiede der Monarchie, überflügelt nur von Westböhmen und Mähren-Schlesien. Dabei war die steirische Kriegswirtschaft 1914 zunächst eher konfus und hatte deutliche Produktionseinbrüche. Erst 1915/16 erfing sie sich und produzierte auf vollen Touren, ehe ab 1917 der Mangel an Arbeitskräften, Rohstoffen, Energie und im Transportwesen die Produktion drastisch senkte. 1918 stand die steirische Wirtschaft vor dem Kollaps. Die Braunkohlenförderung, besonders in den Revieren Fohnsdorf und Trifail/Trbovlje, war schon 1917 wegen der „Spanischen Grippe" zusammengebrochen. Mit enormen Folgen für die Stahlwerke, die Industrie und die Haushalte. Die Veitscher Magnesitwerke produzierten gegen Kriegsende nur mehr ein Viertel von 1914.

Die Alpine Montan lieferte jede dritte Tonne österreichischen Stahls und versorgte die Rüstungsindustrie. Selbst erzeugte sie im Konzern Geschütze, Munition, U-Boot- und Flugzeugbestandteile. Der Abbau auf dem Erzberg erzielte 1916 den Rekord von gut fünf Millionen Tonnen. 4.000 Kriegsgefangene sollten diesen Wert halten. Doch auch am Erzberg sackte die Produktion im folgenden Winter dramatisch ab und betrug 1918 nur noch 2,9 Millionen Tonnen. Das Heer beanspruchte 90 Prozent des österreichischen Eisens, für den zivilen Bedarf blieb da praktisch nichts mehr übrig.

Ein bedeutender Teil der österreichisch-ungarischen Waffen wurde in der Steiermark produziert. So erzeugten im Grazer Raum die Andritzer Schrapnellköpfe, „Humanic" Schuhwerk, Puch Fahrzeuge, die Weitzer Waggonfabrik Geschoßteile, Minenwerfer und Motoren, etwa für U-Boote, Lapp-Finze in Kalsdorf Granatteile, Trofaiach Munition und das Gussstahlwerk Judenburg Teile von Motoren, Fahrzeugen, Flugzeugen und großkalibriger Artilleriemunition. Das Feinblechwalzwerk Krieglach lieferte Rohmaterial für Stahlhelme und 10-cm-Granaten, Bleckmann in Mürzzuschlag Rohlinge für Feldhaubitzen und Teile für Schiffe und U-Boote. Böhler in Kapfenberg, großzügig erweitert, erzeugte anfangs Gewehrläufe, Munition und 30,5-cm-Granaten für die riesigen Motormörser. Später Feldkanonen und Feldhaubitzen, von denen bis Kriegsende etwa 3.000 Stück an die Truppe ausgeliefert wurden. Neben den Haubitzen produzierte die Waffenschmiede etwa fünf Millionen Artilleriegranaten, hunderte Minenwerfer, Millionen von Gewehrläufen sowie hunderttausende Stahlhelme und Schutzschilde. Damit stammte jedes vierte Geschütz der Monarchie aus Kapfenberg.

Die Finanzierung des Krieges bewerkstelligte die Monarchie über die Geldschöpfung, Werbeaktionen zur Ablieferung von Goldringen und Schmuck („Gold gab ich für Eisen"), das Einschmelzen von Kirchenglocken und über Kriegsanleihen, von denen bis 1918 insgesamt acht zur Zeichnung aufgelegt wurden. Nach dem Krieg waren die Anleihen völlig wertlos geworden. Man tapezierte damit Wände.

Während des Krieges war die Steiermark Aufnahmeland für rund 40.000 Kriegsgefangene geworden, zwei Drittel von ihnen „Russen". Sie kamen, je nach Frontlage, in Schüben und wurden in die militärisch bewachten Lager wie Feldbach-Mühldorf, Lebring, Knittelfeld, Graz-Thalerhof, Trofaiach, Marburg/Maribor und Sternthal/Strnišče gebracht, ehe man sie, soweit arbeitsfähig, zur Arbeit in der Landwirtschaft, Industrie oder im Bergbau einsetzte. Als Arbeitskräfte waren die Gefangenen bald unentbehrlich geworden.

Neben den Kriegsgefangenen kamen tausende Flüchtlinge ins Land. Für sie waren schnellstens Barackenlager zu errichten. Wagna für 17.000 Insassen (v.a. Küstenländer und Friulaner) wurde eines der größten der Monarchie. Den Hauptteil der Flüchtlinge im Lande stellten Italiener aus dem Küstenland, aus Triest und aus dem Kanaltal, die man schon vor dem Krieg verdächtigte, Spione zu sein und den Einheimischen die Arbeit wegzunehmen. Entsprechend gespannt war das Verhältnis mit den Einheimischen. Flüchtlinge arbeiteten generell in der Industrie und Landwirtschaft. Die Betreuung der Flüchtlingskinder und Jugendlichen wurde meist privat, oft von adeligen Familien und Stiftungen, organisiert.

Die Kriegsgefangenen und Flüchtlinge mussten versorgt werden, was in den Lagern nur noch mit Mindestrationen geschah. Dennoch: die Nahrung wurde sehr knapp, wozu auch schlechte Ernten beitrugen, die die Lebensmittel weiter verteuerten. Im Juli 1918 konnte man lediglich knapp die Hälfte des rationierten Bedarfes an Brot decken. Pferde mussten mit Tannenreisig gefüttert werden, das Vieh war abgemagert. Die Lebensmittelpreise explodierten. Trotzdem reichte die Milch nicht einmal für Säuglinge und Kinder, Fleisch und Mehl waren selten geworden. Das Mehl war gestreckt und damit minderwertig und die Zuteilungsrationen sanken mit dem Preisanstieg. „Hamsterfahrten", der Eintausch von Familiensilber gegen Essbares, Großküchen und die Verschickung von Schulkindern in südliche Kronländer wurden alltäglich.

Wegen der zunehmenden Engpässe breiteten sich ab 1916 Hungerstreiks wie ein Flächenbrand über das ganze Land aus. 1917 begann sich die Spirale der Gewalt immer schneller zu drehen. Radikale Elemente wurden durch die Februar-Revolution und den Oktober-Putsch der Bolschewiki in Russland ermutigt. Die Streiks erfassten Großbetriebe wie Bleckmann oder die Eisenbahner in Knittelfeld. Im November 1917 organisierte die sozialdemokratische Partei in der ganzen Steiermark eine Welle von Massenversammlungen mit den Forderungen nach Frieden „ohne Annexionen und Reparationen". Am 22. Jänner 1918 streikten in der Steiermark bereits 40.000 Arbeiter, 15.000 demonstrierten in Graz. Eine Woche streikten die Kohlearbeiter der Weststeiermark.

Nach den Arbeitern meuterten die Soldaten: Im Mai 1918 in Judenburg, in Murau und in Radkersburg. Die Standgerichte fällten zahlreiche Todesurteile. Viele starben mit slowenischen und Anti-Habsburg-Parolen auf den Lippen. Der Nationalitätenkampf, die Forderungen zum Austritt aus der Monarchie und das von US-Präsident Wilson verkündete Selbstbestimmungsrecht der Völker hatten gerade slowenische Soldaten zum Meutern angespornt. 1918 vollzogen slowenische Politiker endgültig die Abkehr vom Habsburgerstaat. Anton Korošec aktivierte Anfang 1918 die „Allslowenische Volkspartei" für die Steiermark, Kärnten, Krain und das Küstenland, die jede Kompromiss- und Etappenlösung kategorisch ablehnte. Mitte August 1918 verbanden sich in Laibach/Ljubljana alle Parteien zum Slowenischen Volksrat unter Korošec. Der Rahmen zur Loslösung ohne Rücksicht auf die deutschen Sprachinseln war geschaffen. Slowenische Lehrer und Geistliche beteiligten sich daran führend und brachten bald auch die Bauern auf ihre Seite. Dazu hatte auch die deutsche Seite beigetragen, wo offen über einen Anschluss der Alpenländer an das Deutsche Reich spekuliert wurde. Vor diesem Hintergrund bildeten sich in der Untersteiermark auch deutsche Volksräte, weil man einen Ausverkauf deutsch-untersteirischer Interessen im Zuge der Verhandlungen mit südslawischen Repräsentanten befürchtete.

Das Land war vor dem Staate da:
Der Beitritt der Steiermark zu „Deutsch-Österreich"
Wegen der drohenden Hungersnot, den Meutereien und Streiks trafen Mitte Oktober 1918 Vertreter der Wirtschaft und der Arbeiter zu Verhandlungen zusammen, um den kaiserlichen Statthalter Manfred von Clary-Aldringen abzusetzen und die Landesverwaltung in Eigenregie zu übernehmen, was am 20. Oktober durch einen 24-köpfigen Wohlfahrtsausschuss aus Deutschnationalen, Sozialdemokraten und Christlichsozialen und mit einem 12-köpfigen Exekutivkomitee auch gelang. Die Anti-Wien-Stimmung und der Appell zur Selbsthilfe fanden breite Zustimmung. Der Sozialdemokrat Johann Eisler und GKB-Chef Viktor Wutte (Großdeutsch) wurden zu Wirtschaftskommissaren ernannt und an die entscheidenden Schaltstellen der kommenden Monate gesetzt. Beide bahnten sofort Tausch- und Kompensationsgeschäfte im In- und Aus-

land an, zum Missfallen der Wiener Zentralstellen: Steirische Industrieprodukte für dringend benötigte Lebensmittel. Nur so konnte eine Hungersnot abgewendet werden.

Um das Militär für den Wohlfahrtsausschuss zu gewinnen und die Disziplin aufrechtzuerhalten, wurden Soldatenräte gewählt, die zum Großteil noch von den Sozialdemokraten unter Ludwig Oberzaucher, gestellt wurden. Damit verfügte die Arbeiterpartei mit den Räten und den Arbeiterhilfskorps in den Umsturztagen über zwei schlagkräftige Machtinstrumente. Auf dieser Grundlage befolgte man den Aufruf der Provisorischen Nationalversammlung in Wien vom 29. Oktober 1918 zur Bildung von Landesversammlungen.

So konstituierten sich am 6. November 1918, also knapp eine Woche vor Ausrufung der Republik Deutsch-Österreich in Wien, je 20 Vertreter der Sozialdemokraten, Christlichsozialen und Deutschnationalen als Provisorische Landesversammlung der Steiermark. Als ersten Schritt erklärten die Delegierten nach dem Muster „Deutsch-Böhmens", aber noch vor Kärnten und Salzburg, das geschlossene deutsche Siedlungsgebiet des Herzogtums als „Land Steiermark" zur eigenberechtigten Provinz und zugleich ihren Beitritt zum Staat Deutsch-Österreich, wobei die Provisorische Nationalversammlung in Wien ausdrücklich als oberste staatliche Gewalt anerkannt wurde.

Als zweiten Schritt beschloss die Landesversammlung eine interimistische Landesverfassung. Zum neuen Landeshauptmann wurde einstimmig der Deutschfreiheitliche Wilhelm von Kaan, zu seinen Stellvertretern der Christlichsoziale Anton Rintelen und der Sozialdemokrat Josef Pongratz gewählt. Landeshauptmann

Proklamation der Republik „Deutsch-Österreich" auf dem Grazer Freiheitsplatz, 12. November 1918. Zuvor hatte die Steiermark ihren Beitritt zur Republik erklärt. Das Land war vor dem Staate da.

Edmund von Attems spielte politisch keine Rolle mehr. Damit war die Umwandlung des Kronlandes Steiermark in ein demokratisches, republikanisches Staatswesen, ab 12. November der ausgerufenen Republik Deutsch-Österreich, geschafft. Die Monarchie hörte zu bestehen auf, der Adel wurde per Gesetz abgeschafft. Christlichsoziale und Deutschnationale hatten sich eher widerstrebend für die Republik ausgesprochen und damit dem massiven Druck der Sozialdemokratie nachgegeben.

Als Soldatenrat Ludwig Oberzaucher am 12. November 1918 vom Grazer Schauspielhaus aus den Beitritt der Steiermark zur neu gegründeten Republik „Deutsch-Österreich" proklamierte, war die Steiermark nicht mehr „Hinterland" eines großen Reiches, sondern Grenzland der kleinen Republik zum neu gegründeten SHS-Staat und zum Königreich Ungarn.

Zu den dringendsten Problemen, Ruhe, Ordnung und Abwehr des Hungers, kam ein neues: das Land war überflutet von einer Million Soldaten und Flüchtlingen, unter ihnen die Kompanie des späteren Bundeskanzlers Julius Raab. Auf einen Steirer kam ein Fremder.

Die untersteirischen Gebiete sollten, so die Landesversammlung, vorderhand im Landtag vertreten bleiben; die endgültige Grenzziehung später völkerrechtlich geregelt werden. Zu diesem Zeitpunkt war jedoch bereits absehbar, dass diese Wünsche der Realität nicht standhalten würden. Der am 29. Oktober 1918 in Agram/Zagreb unter Korošec gegründete SHS-Staat brach umgehend die Beziehungen zu Wien ab und beanspruchte das gesamte untersteirische Gebiet. Doch noch ehe die Frage auf diplomatischer Ebene aufgegriffen wurde, hatten die Slowenen am 1. November 1918 unter k.k. Major Rudolf Majster handstreichartig vollendete Tatsachen geschaffen. Das Gebiet konnte ohne massive Gewaltanwendung nicht mehr rückerobert werden. Die formale Abtrennung der Untersteiermark war nur mehr eine Frage der Zeit. Sie erfolgte im September 1919 in St.-Germain-en-Laye, einem Vorort von Paris.

Das Bundesland Steiermark

Politik

Die beiden „Wirtschaftskommissare" Johann Eisler (Sozialdemokrat) und Dr. Viktor Wutte (Deutschnational) sowie der Bauernführer Johann Hagenhofer (Christlichsozial) bestimmten in der Umbruchsphase 1918/19 die Entwicklung im Land. Eisler als Rechtsanwalt (ehe ihn Renner 1919 zum Unterstaatssekretär für Justiz machte), Wutte als Industrieller und Chef der Graz-Köflacher Kohle. Soldatenräte sicherten ihren Einfluss auf das Militär und die Sicherheitsorgane: Gemeindepolizei, „Heimwehren", „Sicherheitswehren des Landes" („Landesschützen"), Arbeiterhilfskorps und Bürgervereinigungen sowie die „Volkswehr", eine Truppe, gebildet aus Ersatzkadern von Heer und Landwehr, sonstigen militärischen Formationen, Studenten- und Stadtwehren oder freiwilligen Schützen.

Tatsächlich war den Sozialdemokraten 1918/19 in der kommunistisch geführten Rätebewegung, mit dem Aufwind der ungarischen Räte-Diktatur von Béla Kun im Rücken, eine starke Konkurrenz erwachsen. In Graz und in der Obersteiermark kümmerten sich Arbeiter- und Soldatenräte vor Ort um die Not der Menschen, halfen bei der Aufbringung der dringendsten Lebensmittel und von Heizmaterial und versprachen einen Sturz der alten Eliten. Oberzaucher und Johann Leichin waren ihre Führer im Land. Fast wäre es der österreichischen Rätebewegung 1919 gelungen – nach den erfolgreichen Juni-Wahlen ins Räteparlament – im Juli 1919 eine Räterepublik „Deutsch-Österreich" zu proklamieren. Geschickt verstand es die österreichische Sozialdemokratie unter Otto Bauer, die Rätebewegung auszuhebeln: Das Betriebsrätegesetz 1919 ersetzte politisch die Arbeiterräte in den Betrieben, die Sozialpolitik unter Ferdinand Hanusch, gestützt von der Industrie, nahm den kommunistischen Forderungen den Wind aus den Segeln. Die Rätebewegung wurde bis 1923 ausgeschaltet. Die Arbeiterräte von den sozialdemokratischen Betriebsräten, die Soldatenräte von der sozialdemokratisch dominierten „Volkswehr", die Bauernräte von den „Katholischen Bauernwehren".

Die Wahlen in die konstituierende Nationalversammlung vom 16. Februar 1919 (erstmals auch mit dem Frauenwahlrecht) brachten in der Steiermark – entgegen dem österreichischen Trend – einen Sieg der Christlichsozialen, vor den Sozialdemokraten und Deutschnationalen. Die „Deutsche Nationalsozialistische Arbeiterpartei" (DNSAP) erreichte im Wahlkreis Obersteiermark drei Prozent der Stimmen, wie überhaupt die Nationalsozialisten in der Steiermark in den zwanziger Jahren kaum eine Rolle spielten. Das vorhandene deutschnationale Wählerpotential wurde von den anderen Parteien des nationalen Lagers aufgesogen. Auch die Landtagswahlen im Mai 1919 gingen für die Sozialdemokraten verloren. Erstaunlich erfolgreich war hingegen die „Steirische Bauernpartei" des „Deutschen Bauernbundes" unter Leopold Stocker. Der nachmalige Landbund schaffte auf Anhieb über 12 Prozent der Stimmen. In der Summe erreichten die bürgerlichen Parteien im 70-köpfigen Landtag eine solide Mehrheit, wobei die meisten von ihnen Bauernvertreter waren. Rintelen löste (von) Kaan ab und wurde der erste, allgemein gewählte Landeshauptmann der Steiermark. Seine Stellvertreter waren Josef Pongratz und der Christlichsoziale Jakob Ahrer. Franz Hagenhofer wurde Alterspräsident. Mit den Christlichsozialen Olga Rudel-Zeynek und Marie Kaufmann sowie der Sozialdemokratin Martha Tausk zogen zum ersten Mal auch drei Frauen in den Landtag ein.

Radikalisierung und Militarisierung

Die traditionelle Wehrbereitschaft der steirischen Bevölkerung, die offenen Grenzfragen 1918/19, der notwendige Schutz der Bevölkerung vor Plünderungen und Übergriffen in der Zeit des Umbruchs und die dargestellte Gefahr einer kommunistischen Räteherrschaft, führten im Lande zu einer breiten Militarisierung. Heim- und Bauernwehren der Christlichsozialen, Arbeiterhilfskorps und Republikanischer Schutzbund (Resch) der Sozialdemokraten sowie der „Heimatschutzverband Steiermark" bzw. der „Steirische Heimatschutz" des Judenburger Rechtsanwaltes Walter Pfrimer. 1920/21 verfügten die Bauern- und Heimwehren zusammen mit dem Wehrverband Pfrimers über rund 20.000 Freiwillige, oft Kriegsheimkehrer, ohne berufliche Ausbildung und Arbeit. Der Resch stand ihnen kaum nach.

Die Landespolitik bestimmten zunächst jedoch noch die Anti-Wien-Aktionen des steirischen Landeshauptmannes Rintelen, der sich für den eigentlich starken Mann der österreichischen Christlichsozialen und weitaus fähiger als Bundeskanzler hielt. Ohne jedwede Rücksicht stellte Rintelen steirische Interessen, die vor allem seine eigenen waren, vor die Interessen des Staates oder seiner eigenen, der christlichsozialen Partei. Etwa als nach den Anschluss-Volksabstimmungen in Tirol und Salzburg entgegen allen völkerrechtlichen Verpflichtungen auch in der Steiermark 1921 für den

Republikanischer Schutzbund 1928

sehr populären Anschluss an Deutschland abgestimmt werden sollte. Rintelen stellte sich damit gegen die Linie der österreichischen Außenpolitik (Akzeptierung des Anschluss-Verbotes 1919) und gegen seinen eigenen Parteifreund, Bundeskanzler Michael Mayr und zwang diesen zum Rücktritt, obwohl die Volksabstimmung in einer stürmischen Landtagssitzung letztlich abgesagt worden war. Rintelen hatte mit der Anti-Wien-Karte auch gegen die eigene Partei Stimmung gemacht. Nicht zum letzten Mal: Als Österreich 1922 pleite war und dringend eine Sanierung der Staatsfinanzen brauchte, die Bundeskanzler Ignaz Seipel mühsam durch Völkerbund-Kredite erreichte, stellte sich Rintelen dagegen. Ihm stießen die von Seipel ausgehandelten Sparprogramme, die Abgabe von Länderkompetenzen (Doppelverwaltungen) und Personalhoheit an den Bund und das erneuerte Anschluss-Verbot sauer auf. Und er setzte sich durch, Seipel demissionierte. Mehr noch: In das neue Länderkabinett des Salzburgers Rudolf Ramek setzte Rintelen seinen Stellvertreter Jakob Ahrer als Finanzminister. Mit einer ausgeweiteten, für Rintelen nicht uneigennützigen Kompetenz über das österreichische Bankwesen: Ahrer sollte Rintelens marode „Steirerbank" sanieren. Die ersten größeren Politik- und Finanzskandale folgten. Und sie waren, wie ein parlamentarischer Ausschuss aufdeckte, so schwer, das Ahrer 1926 aus der Bundesregierung entfernt wurde und Hals über Kopf nach Kuba floh, um sich einer parlamentarischen und gerichtlichen Verfolgung in Österreich zu entziehen. Der Verdacht von Betrug, indirekter Heimwehr- und Parteienfinanzierung traf jedoch mindestens ebenso Rintelen.

Um die Macht in Land und Staat:
Rintelen und Pfrimer
Die Ernte fuhr Rintelen sofort ein. Bei der Landtagswahl 1923: Ein Plus von drei Mandaten und knapp 46 Prozent der Stimmen auf Kosten der Großdeutschen und des Landbundes. Rintelen war so auf dem besten Wege, auch große Teile der deutschnationalen Wähler ins christlichsoziale Lager zu ziehen.

Obwohl ein Gegner der Genfer Sanierung Seipels, partizipierte Rintelen wesentlich vom wirtschaftlichen Aufbauprogramm, das man mit den Völkerbund-Krediten finanzierte. Der Ausbau der steirischen Wasserkräfte als Basis der Stromgewinnung (Steweag) oder der Aufbau des Radios, eines seiner Lieblingskinder. Er beugte sich auch der mit den Sparplänen empfohlenen Verkleinerung des Landtages von 70 auf 56 Sitzen (neue Landesverfassung) sowie der Zusammenfassung der Landes- und mittelbaren Bundesverwaltung ins „Amt der Steiermärkischen Landesregierung". Freilich setzte er durch, dass die bisherigen Bundesbeamten zwar ihre Stellung behielten, nunmehr aber ihre dienstliche Verwendung vom Landeshauptmann geregelt wurde. 1926 schien Rintelen einen wesentlichen Schritt zu seinem großen Ziel, Bundeskanzler zu werden, näher gekommen zu sein. Er wurde Unterrichtsminister und saß, wenn auch nur für vier Monate, in Wien. Seine Nachfolger als Landeshauptmänner, Dechant Franz Prisching, sowie Statistik- und Finanzrechtsprofessor, Alfred Gürtler, waren ausschließlich Platzhalter für „König Anton".

Doch der Aufstieg Rintelens, begleitet von zahlreichen, meist vertuschten Eskapaden, von Betrug und Hintergehungen, wurde jäh gestoppt. Viel schwerer wogen die allzu auffälligen Skandale des Landeshauptmannes, die Flucht seines engsten Vertrauten Ahrer nach Kuba und das öffentlich-politische Auftreten des Priesters, Moraltheologen und Friedensaktivisten Johannes Ude. Dieser prangerte die Machinationen Rintelens schonungslos an und forderte eine „Diktatur der anständigen Menschen". Die Rechnung wurde Rintelen bei den Landtagswahlen 1927 präsentiert, obwohl sich Rintelen, einen Misserfolg befürchtend, mit den Großdeutschen zusammengeschlossen hatte. Es nützte nichts: Die Einheitsliste erlitt eine schwere Schlappe und verlor rund 12 Prozent der Stimmen. Die Sozialdemokraten konnten stark aufholen und lagen nur noch knapp hinter den Christlichsozialen. Auch der Landbund schaffte 16 Prozent der Stimmen. Letztlich hatten Rintelens Christlichsoziale noch Glück, denn die bürgerliche Mehrheit im Landtag konnte gesichert werden: 24 Christlichsoziale, 9 Landbund und 2 Ude-Mandate, gegenüber 21 Sozialdemokraten. Für den machthungrigen Landeshauptmann freilich nur ein schwacher Trost, denn seine Wiederwahl war 1927 nicht mehr durchzubringen. So kam Prof. Ing. Hans Paul, der Wasserbauer an der Technischen Hochschule und seit 1920 in der Landesregierung, auf den Sessel des Landeshauptmannes.

Doch Rintelen gab sich noch nicht geschlagen und wartete nur auf eine Gelegenheit, wieder Landeshauptmann zu werden. Natürlich machte er Paul das Leben schwer und hoffte auf sein Scheitern. Dann, so sein Kalkül, würde wiederum der Ruf nach ihm laut werden. Tatsächlich war die Koalition sehr brüchig. Tatsächlich galten die Regierungspartner, Ude (bis zu seinem durch den Bischof erzwungenen Ausscheiden) und der Landbund (unter Franz Winkler und Franz Thoma) für Großdeutsche und Christlichsoziale als ein Sammelbecken unsicherer Kantonisten von Liberalen, Antiklerikalen und Nationalen.

Der Brand des Justizpalastes in Wien am 15. Juli 1927 hatte auch in der Steiermark zu einer Bürgerkriegssituation geführt: Straßensperren, Lahmlegungen von Gendarmerie und Polizei durch den Schutzbund in Graz, das Kappen der Telefonleitungen zwischen Wien und der Steiermark, die Ausrufung des Ausnahmezustandes durch Koloman Wallisch in Bruck, die eigenmächtige Mobilisierung des „Heimatschutzes" als Gendarmerieassistenz durch Pfrimer, Streiks in den großen Betrieben. Landeshauptmann Paul floh mit seiner Regierung nach Feldbach. Pfrimer erzwang schließlich mit der Drohung, seinen „Heimatschutz" einzusetzen, das Ende der Streiks und die Freigabe der Telefonverbindungen und Straßen.

Damit hatte sich Pfrimer endgültig gegen „die Marxisten" etablieren und noch 1927 die weitgehende Einigung der steirischen Heimwehren unter seinem „Steirischen Heimatschutz" erreichen können. Dafür gab er das bis dahin vom „Heimatschutz" verwendete Hakenkreuz-Emblem auf und verwendete nur noch den „Hahnenschwanz", ursprünglich das Symbol der k.k. Landwehr. Doch Pfrimer wollte mehr, viel mehr. Sein Ziel war die Spaltung der sozialdemokratischen Arbeiterbewegung. Dazu kam ihm Alpine-Generaldirektor Anton Apold mit Geld zu Hilfe. 1928 gründete Pfrimer die im Wesen sehr braune „unabhängige Gewerkschaft" und drang politisch tief in die Kernschichten der obersteirischen sozialdemokratisch orientierten Arbeiterschaft ein. Schon nach wenigen Monaten waren knapp die Hälfte der 4.000 Donawitzer Stahlarbeiter zu den „Unabhängigen" gewechselt. Pfrimer war, neben Rintelen, zum zweiten „starken Mann" in der Steiermark aufgestiegen. Doch für zwei war kein Platz. Beide beäugten und bekämpften sich in der Folge, teils im Hintergrund, teils offen.

Ein politischer Ruck nach rechts war freilich unverkennbar. Und er brachte trotz heftigen Widerstands der Sozialdemokraten schon 1928, nach nur neun Monaten, abermals die Wahl Rintelens. Paul war Geschichte, Rintelens Kalkül aufgegangen. Als Draufgabe erreichte er indirekt, dass 1929 die österreichische Bundesverfassung novelliert wurde. Das Ziel: ein stärkerer Bundespräsident. Die ebenfalls geforderte Umwandlung des Bundesrates in eine Ständekammer und die Inszenierung einer Regierungskrise standen zwar zur Disposition, konnten jedoch noch nicht durchgesetzt werden.

Die ständigen Regierungswechsel in Wien, die zusätzlich die Gesellschaft spaltenden Folgen der Weltwirtschaftskrise und der österreichische Bankenkrach, die hunderttausenden Arbeitslosen und die Radikalisierung der Politik führten in der Steiermark zu einer starken Aufsplitterung des bürgerlichen Lagers, das ein Bild des ständigen Streitens abgab. Die Nationalrats- und steirischen Landtagswahlen 1930 wurden von den Sozialdemokraten gewonnen. Dennoch und trotz des zerstrittenen bürgerlichen Lagers, stand die Wahl eines „Roten" zum steirischen Landeshauptmann keinen Augenblick zur Debatte. Rintelens Wiederwahl 1930 war wiederum gesichert.

Die österreichischen Heimwehren, seit 1928 gemeinsam von Walter Pfrimer und vom Tiroler Richard Steidle geführt, wurden zunehmend eine Gefahr für das parlamentarische System. Schon 1929 grenzte sich Pfrimer vor 20.000 Heimwehrmännern und „Hahnenschwänzlern" in Graz von den „bürgerlichen" Parteien, den Christlichsozialen, Großdeutschen und dem Landbund, ab und forderte eine neue Gesellschaftsordnung, einen „Ständestaat". In dieser Spur reklamierten die Heimwehren dann 1930, also ein gutes halbes Jahr später, im „Korneuburger Eid" die Macht im Staate für sich und traten „für einen Volksstaat der Heimwehren", gegen „den westlich-demokratischen Parlamentarismus und den Parteienstaat" sowie für eine „Selbstverwaltung der Stände" und der Wirtschaft auf ständischer Grundlage, ein. Laufende Kundgebungen, vor allem in „roten Hochburgen" wie Bruck, Knittelfeld, Rottenmann oder Köflach, „Wimpelweihen", Appelle, Aufmärsche und teilweise provozierte Zusammenstöße mit Schutzbündlern mit Verletzten, erzeugten eine latente Unsicherheit und riefen nach einer „starken Führung".

Diese „starke Führung" wollte Pfrimer nach seinem „Marsch auf Wien" am 12. September 1931 ganz nach Mussolinis Vorbild mit einer von ihm und der Heimwehr geführten Bundesregierung installieren. Der Staatsstreich, ursprünglich minutiös geplant, verkam durch Heimwehr-Querelen, die zögerliche Hal-

Der „Marsch auf Wien" 1931: Pfrimer-Putsch in Kapfenberg

tung Rintelens und vor allem durch die kurzfristige Änderung des geplanten Ablaufs zu einem „Operettenputsch". Der Putsch dauerte nur einen Tag. 140 Putschisten wurden verhaftet, über 4.000 angezeigt. Pfrimer floh über Slowenien nach Deutschland, kehrte jedoch bald nach Graz zurück und stellte sich einem Prozess, in dem er vom Hochverrat freigesprochen wurde. Sein Verteidiger: Der Untersteirer und in Leoben ansässige Rechtsanwalt Werner Delpin, der zur NSDAP gewechselt war. 1938 wurde Pfrimer Abgeordneter des politisch unbedeutenden „Großdeutschen Reichstags". Von 1945 bis 1947 inhaftiert und entnazifiziert, arbeitete Pfrimer anschließend wieder als Rechtsanwalt. Er starb 1968 in Judenburg.

Auf diesen jähen Absturz folgte eine weitere Radikalisierung des „Steirischen Heimatschutzes". Deutlich hatte sich gezeigt, dass seine diktatorischen Pläne weder mit den Christlichsozialen und der ihnen unterstellten Exekutive noch mit der Masse der Heimwehren zu realisieren waren. Den Bruch mit den Christlichsozialen kittete auch nicht, dass sich Rintelen während des Prozesses für Pfrimer in die Bresche geworfen und dem Putschisten, Landesrat August Meyszner (Landbund), die Stange gehalten hatte. 1932 trat Pfrimer aus seinem „Heimatschutz" aus. Das neue Führungstrio: Konstantin Kammerhofer, Hanns Rauter und August Meyszner vollzog 1932/33 eine Teilfusion mit der NSDAP, der auch Pfrimer – nach einem Abkommen mit Hitler – 1933 beitrat und eine Entschädigung von 6.000 RM erhielt. Rauter und Meyszner wurden „Höhere SS- und Polizeiführer" in Holland bzw. Serbien; Kammerhofer amtierte ab 1943 als „Beauftragter des Reichsführers-SS" in Kroatien, lebte nach 1945 unter falschem Namen und starb 1958 als freier Mann.

Die Wechsel von Großdeutschen, Landbündlern und teilweise auch von Christlichsozialen zur noch mitgliederschwachen NSDAP blieben nicht verborgen. Dennoch ging der Aufstieg der NSDAP in der Steiermark bis 1931/32 langsamer vor sich als etwa in Wien, Niederösterreich, Salzburg, Kärnten oder Vorarlberg, wo Nationalsozialisten bereits in größerer Zahl in den Landtagen saßen oder in Innsbruck, wo die NSDAP 1931/32 rund 40 Prozent der Stimmen erhalten hatte. In der Steiermark war man 1930 nicht über drei Prozent hinaus gekommen. In Graz, wo 1938 zum ersten Mal in Österreich vom Rathaus die Hakenkreuzfahne wehte („Stadt der Volkserhebung"), hatte die NSDAP nur einen Gemeinderatssitz und nur rund drei Prozent der Stimmen erhalten. Die Gründe: Die deutschnationale Grundstimmung in allen Parteien und die starke Themenführerschaft bei Wirtschaft, Antimarxismus und Arbeitsbeschaffung durch die Christlichsozialen unter Rintelen und den „Heimatschutz", die vielen deutschnationalen Kulturvereine, die die NS-Ideen wenig originell erscheinen ließen und vor allem die jahrelangen innerparteilichen Fehden sowie der völlige Mangel an attraktiven Parteiführern.

Selbst bei den steirischen Gemeinderatswahlen 1932 hatte die NSDAP noch keinen durchschlagenden Erfolg feiern können. Dies trotz einer Intensivwerbung und hunderter öffentlicher Veranstaltungen. Die Ausbeute war mager: nur 3,0 Prozent der Stimmen und nur 300 neu gewählte NS-Mandatare in den Gemeindestuben. Man blieb mehr oder weniger unter sich, eine Kleinpartei, gewählt von den Kerngruppen und Protestwählern. Ernüchternd, besonders im Vergleich zu Vorarlberg (11 Prozent) oder zu Salzburg (29 Prozent). Zu stark waren Christlichsoziale und Sozialdemokraten präsent. In Gemeinden wie Eggenberg und in Industrieregionen hatten die Sozialdemokraten, in der bäuerlich-katholischen Oststeiermark die Christlichsozialen ein engmaschiges Netz an Organisationen aufgestellt, wogegen die Nationalsozialisten nur schwer ankamen. Über welches Potential die NSDAP jedoch verfügte, zeigten im Winter 1932/33 die internen Berichte der Gendarmerie: Exekutive, Lehrer, Freiberufler (Ärzte, Rechtsanwälte), Militärs, Arbeiter, und generell die Jugend waren zunehmend bereit, zur NSDAP zu schwenken. Sie sollten mit den Forderungen nach Beseitigung von Doppelverdienst und „Bonzenwirtschaft", hoher Gehälter und Politiker-Nebeneinkommen sowie nach Beseitigung der Arbeitslosigkeit durch offenen Antisemitismus („500.000 Arbeitslose, 400.000 Juden. Wählt NSDAP") oder durch eine öffentlich geförderte Bautätigkeit („deficit spending"), angesprochen werden.

Tatsächlich wurde der Winter 1932/33 zur entscheidenden Wende für die Nationalsozialisten in der Steiermark. Dafür wirkte teils der Aufstieg Theo Habichts zur Leitfigur der NSDAP in Österreich, teils der Schwenk der Alpine Montan vom „Heimatschutz" zur NSDAP und die große soziale Not, in die Zehntausende durch die Weltwirtschaftskrise geraten waren. Von den Nationalsozialisten, deren Propaganda aus Deutschland in die Steiermark getragen wurde, begann man sich eine entscheidende Abhilfe zu versprechen.

In den Führungsetagen von Alpine und Böhler saßen entschiedene Mitkämpfer der NSDAP, dazu kamen NS-Aktivisten bei der Polizei, Gendarmerie und beim Bundesheer. SA-Formationen übernahmen mitunter als Aushilfe Exekutivaufgaben. Bald folgte der NS-Zugriff auf die Arbeitsämter und die Krankenkassen durch Unterwanderung und die Einrichtung von NS-Zellen (darunter jene des späteren NS-Gauleiters Sigfried Uiberreither). Das Vertrauen in die Staatsorgane schwand, weil immer mehr Angestellte insgeheim bereits für die illegale NSDAP arbeiteten.

Binnen weniger Monate, bis zum Verbot der NSDAP im Juni 1933, gelang es dem neuen NS-Gauleiter, Walther Oberhaidacher, auch im Schatten der Wahlerfolge Hitlers, die NSDAP in der Steiermark zur größten und vor allem kapitalkräftigsten Parteigruppe in Österreich zu machen. Mit rund 5.500 Mitgliedern, hunderten Ortsgruppen, einer starken SA und einer Hitlerjugend, die im Februar 1933 schon mehr Mitglieder hatte als alle anderen Jugendorganisationen des Landes zusammen. Ein Drittel der Grazer HJ-Mitglieder kam bereits aus sozialdemokratischen Familien. Ein Drittel der Grazer schlagenden Studentenverbindungen gehörte dem NSD-Studentenbund an. Allein mit dem Übertritt des Kammerhofer-Flügels des „Heimatschutzes" 1932/33 wuchs die Partei um rund 15.000 Mitglieder. Der Großteil des steirischen Landbundes unter Vizekanzler Franz Winkler, Landbundführer Leopold Stocker und Landwirtschaftskammer-Direktor Karl Hartleb vertrat offen eine Anschluss-Linie.

Ausschaltung der Demokratie und Bürgerkrieg: „... und ganze Arbeit leisten"

Als am 4. März 1933 der Nationalrat nach dem Rücktritt seiner drei Präsidenten formlos auseinander ging, nutzte Bundeskanzler Engelbert Dollfuß in den folgenden Tagen die Krise der Geschäftsordnung des Parlaments zu seinen Gunsten aus. Neuwahlen lehnte er ab, musste er doch davon ausgehen, wiederum von den Sozialdemokraten überflügelt zu werden. Zu diesem Entschluss dürfte auch der Erfolg Hitlers bei den Wahlen in Deutschland tags darauf, am 5. März, beigetragen haben. Dollfuß schlug einen autoritären, „scheinlegalen" Weg auf der Basis des Kriegswirtschaftlichen Ermächtigungsgesetzes von 1917 ein, für den wohl die Bezeichnung „Verfassungsputsch" zutreffend erscheint.

Die offizielle steirische Reaktion auf den beginnenden diktatorischen Kurs von Dollfuß war – ähnlich wie in den anderen Ländern – lahm und naturgemäß nur von Sozialdemokraten und Großdeutschen betrieben. Auflehnung und Proteste gab es u. a. in Kapfenberg, Leoben und Bruck. Hier sprach man, unter Anwesenheit von Landeshauptmann und Bundesminister Rintelen, der Bundesregierung Dollfuß das Misstrauen aus und legte Bundespräsident Wilhelm Miklas nahe, die Bundesregierung zu entlassen und den Nationalrat aufzulösen. Doch Dollfuß holte zu den nächsten Schlägen aus, löste den Republikanischen Schutzbund auf und verbot die KPÖ und NSDAP. Es folgte die Gründung der Einheitsbewegung „Vaterländische Front" (VF), durchaus nach Vorbildern in Italien, Deutschland oder Ungarn sowie zentral ihm unterstellte Landes-Sicherheitsdirektionen. Die steirische VF übernahm im November 1933 der junge Jurist Alfons Gorbach, später KZ-Häftling, nach 1945 ÖVP-Landesparteiobmann und Anfang der sechziger Jahre Bundeskanzler.

Durch die Parteiverbote gingen Kommunisten und Schutzbündler in den Untergrund oder emigrierten, vor allem in die Tschechoslowakei und in die Sowjetunion, wo nahezu alle im Zuge der Stalinschen Säuberungen verurteilt und inhaftiert wurden. Sämtliche Mandate der Funktionäre der verbotenen Parteien in allen öffentlichen Körperschaften wurden vom Steiermärkischen Landtag, anfangs auch mit den Stimmen der Sozialdemokraten, die sich damit gegen die Kommunisten stellten, Ende Juli 1933 ruhend gestellt. Reinhard Machold, 1945 SPÖ-Landeshauptmann, begründete dies als „Notwehrmaßnahme" gegen den Nationalsozialismus und um den Bestand der Republik zu sichern. In Ergänzung dazu beschloss der Landtag, dass öffentliche Bedienstete nicht weiter den verbotenen Parteien angehören oder diese unterstützen durften, denn „wer aus öffentlichen Mitteln im Staat Österreich seinen Unterhalt bezieht, der hat das Lob Österreichs zu künden und den Ruhm Österreichs zu singen".

Im Sommer entledigte sich Dollfuß seines innerparteilichen Kontrahenten Rintelen und schob ihn kurzerhand als Botschafter nach Rom ab. Zu seinem Nachfolger wählte der Landtag im November 1933 den Professor für Kirchenrecht an der Universität Graz, Alois Dienstleder.

Kaum war Rintelen in Rom, nahm er Kontakte zu Nationalsozialisten mit dem Ziel auf, Dollfuß, der im September 1933 die Errichtung eines christlichen, autoritären, deutschen Ständestaates proklamiert hatte, zu stürzen und selbst die Regierung zu übernehmen, um sie stärker an Hitler-Deutschland zu binden. Dollfuß hatte Österreich zum „besseren deutschen Staat" erklärt, weil Hüter der alten Reichsidee und katholisch. So wollte man die „Nazis überhitlern". Die Antwort der illegalen Nationalsozialisten kam postwendend: Laufende Bombenanschläge, Böllerexplosionen, ein geplanter Mordanschlag auf Sicherheitsminister Emil Fey und Anfang Oktober ein NS-Revolverattentat auf Dollfuß im Parlament, bei dem der Bundeskanzler leicht verletzt wurde. Selbst im Wohnhaus Dienstleders explodierte ein Papierböller. An den Hochschulen wurden Rauchtöpfe entzündet, Papierböller geworfen, antijüdische Flugblätter gestreut und in Vorlesungen demonstriert, dass sowohl die Universität wie die Technische Hochschule in Graz zeitweilig geschlossen werden mussten; eine größere Zahl steirischer Studenten wurden im „Anhaltelager" Wöllersdorf interniert. Im Agrarbezirk Radkersburg wechselten im Jänner 1934 Bauernwehr und Landbund auf die Seite der illegalen NSDAP. Die Gewaltspirale drehte sich weiter, als Dollfuß Ende 1933 das Standrecht auch bei nicht politischen Gewalttätigkeiten, wie Brandlegung oder Beschädigung fremden Eigentums, anordnete.

Direkt gegen die Sozialdemokratie gerichtet war die Umorganisation der Arbeiterkammern Anfang Jänner 1934. Um die überfälligen Kammerwahlen zu verhindern, wurde deren Leitung „Verwaltungskommissionen" der Bundesregierung übertragen und die sozialdemokratischen Funktionäre abgesetzt. Sozialdemokratische Streiks in Betrieben löste die Polizei auf.

Im Kampf gegen Nationalsozialisten und Kommunisten wurden Bundesheer und Exekutive zusätzlich verstärkt. Durch paramilitärische Regierungsverbände: regierungstreu gebliebene „Heimatschützer", das „Freiwillige Schutzkorps", die „Ostmärkischen Sturmscharen", der „Freiheitsbund" oder die „Christlich-deutschen Wehrturner". Ende Jänner 1934 putschte die Tiroler Heimwehr mit dem Ziel der Errichtung einer „Landesdiktatur", Oberösterreich, Niederösterreich, Kärnten, Salzburg forderten Ähnliches. Die Landeshauptmänner widersetzten sich dem von Dollfuß geforderten berufsständischen Umbau des Landes und der Gesellschaft. Doch Dollfuß ließ nicht locker und begann am 10. Februar 1934 Verhandlungen darüber mit den Heimwehren, den „Ostmärkischen Sturmscharen" (OSS) und der VF. Mit den widerstrebenden Landeshauptleuten sollte dann nur mehr die konkrete Durchführung besprochen werden. Im Hintergrund hatte man sich militärisch schon auf den entscheidenden Schlag gegen die Sozialdemokratie vorbereitet.

Sicherheitsminister Emil Fey, der Dollfuß als den „Unsrigen" erkannt hatte, forderte am 11. Februar bei einer Heimwehr-Übung: „Wir werden morgen an die Arbeit gehen und wir werden ganze Arbeit leisten! [...]" Der prophetische Appell des „alten" Christlichsozialen Leopold Kunschak im Wiener Gemeinderat zwei Tage zuvor an die Sozialdemokraten, aber auch an seine eigene Fraktion, zum gemeinsamen Kampf gegen den Nationalsozialismus „[...] ehe Volk und Land an Gräbern steht und weint" verhallte ungehört.

Am 12. Februar 1934 widersetzten sich Schutzbündler einer Waffensuche im Linzer Arbeiterheim

„Hotel Schiff" und feuerten auf die Exekutive. Der Bürgerkrieg begann. Neben Wien und Oberösterreich kam es vor allem in Graz und zu den obersteirischen Industriegebieten zu bewaffneten Auseinandersetzungen und zur abermaligen Verhängung des Standrechtes. Schwere, blutige Kämpfe zwischen der Exekutive, paramilitärischen Verbänden, anrückendem Militär und dem Schutzbund gab es u.a. in Bruck (wohin auch der sozialdemokratische Landesparteisekretär Koloman Wallisch gekommen war), Graz, Eggenberg und Kapfenberg. Viele Schutzbündler wurden verhaftet, manche konnten sich verstecken. Auf den flüchtigen Wallisch setzte man ein Kopfgeld von 5.000 Schilling aus. Mit Erfolg. Am 18. Februar wurde Wallisch verhaftet. Tags darauf stellte man ihn vor ein Standgericht in Leoben und hängte den Arbeiterführer. Insgesamt forderte der Bürgerkrieg in der Steiermark mindestens 55 Tote und über 81 Verwundete.

Als erste Maßnahme ließ die Sicherheitsdirektion hunderte prominente sozialdemokratische Funktionäre verhaften und ordnete umfangreiche Hausdurchsuchungen an. Die Verhafteten wurden in das Landesgericht Graz und in die Anhaltelager Messendorf und Graz-Waltendorf gebracht. Politisch folgten das Verbot der österreichischen Sozialdemokratie und ihre totale Demontage. In Graz übernahm schon am 12. Februar der Untersteirer, Vizebürgermeister Hans Schmid, von Vinzenz Muchitsch das Bürgermeisteramt, die sozialdemokratischen Stadträte wurden abgesetzt. Mitte März 1934 löste die Landesregierung den Grazer Gemeinderat auf und führte das ständisch-autoritäre System ein.

Aus dem Landtag wurden 17 sozialdemokratische Abgeordnete, aus der Landesregierung vier Landräte entfernt. Mit der Auflösung der sozialdemokratischen Gewerkschaften, Genossenschaften und Vereine, verloren u.a. auch die Betriebsräte und Arbeiterkammerfunktionäre ihre Mandate. Als „Ersatz" gründete man den regierungsabhängigen Österreichischen Gewerkschaftsbund. Aufgelöst wurden auch sozialdemokratische Kinder-, Jugend-, Kultur- und Freizeitvereine, Großorganisationen wie Pensions- und Versicherungsinstitute, die neun Konsumgenossenschaften, vier Produktiv-, drei Bank- und Kredit-, fünf Gasthaus- und zwei Wohnungsgenossenschaften sowie acht Wirtschaftsvereine der Sozialdemokraten. Allein die neun Konsumgenossenschaften hatten 50.000 Mitglieder. Im März beschlagnahme man den Verlag „Arbeiterwille" sowie die Druck- und Verlagsanstalt „Typographia".

Ständestaat und „Vaterländische Front"
Die autoritäre Verfassung vom 1. Mai 1934 machte Österreich zu einem ständischen, christlichen Bundesstaat. Die Gesellschaft wurde vertikal in Ständen organisiert, neue Institutionen errichtet. Der steirische Landtag hatte nun 36, vom Landeshauptmann ernannte Abgeordnete und war ständisch besetzt. Landeshauptmann blieb vorerst Dienstleder. Bei der neuen, schwierigen Machtverteilung in der Landesregierung kam die VF mit Gorbach unter die Räder und erhielt keinen Landesrat. Versuche des Staates und der VF, die Arbeiterschaft für ihre Interessen wieder zurück zu gewinnen, schlugen weitgehend fehl. Die Nationalsozialisten destabilisierten Staat und Gesellschaft, bombten und schmierten unverdrossen weiter.

Auch der NS-Putsch in Wien am 25. Juli 1934, bei dem Dollfuß erschossen wurde, hatte eine wesentliche steirische Komponente: Rintelen war wesentlich an den Vorbereitungen beteiligt und als neuer Bundeskanzler vorgesehen. So hingen etwa im Ennstal die ersten NS-Plakate, die die Machtübernahme durch die NSDAP und Rintelen als neuen Bundeskanzler verkündeten. Zwei Drittel der Steiermark kamen in Putschisten-Hand. In der Steiermark schlugen die NS-Putschisten früher und heftiger zu als etwa in Kärnten oder Oberösterreich. Etwa 4.000 Steirer beteiligten sich am NS-Putsch, die Hälfte davon in der Obersteiermark. Schwerpunkte der Kämpfe wurden die Mur-Mürz-Furche, das obere Ennstal und die Weststeiermark. Gemeinde- und Postämter wurden besetzt, politische Funktionäre festgenommen. In den Bezirken Liezen und Gröbming besetzten die illegalen Nationalsozialisten für kurze Zeit nahezu alle Orte. Schwere Kämpfe am Pyhrn und um Stainach-Irdning forderten Todesopfer, ehe angerückte Heeresverbände die Aufstände niederschlugen. Am 29. Juli 1934 wurde Schuschnigg Bundeskanzler, Heimwehrführer Ernst Rüdiger von Starhemberg Vizekanzler, Sicherheitsminister und Bundesführer der VF. Die „Vaterländischen" hatten die Macht im Staate übernommen.

Rintelen wartete mit seinem Vertrauten und Radio-Direktor von Graz, Franz Huber, im Hotel „Imperial" auf den für die Nationalsozialisten positiven Ausgang des Putsches. Als mit dem Tod von Dollfuß und der Festnahme der Putschisten die NS-Aktion scheiterte, widerrief Rintelen über die RAVAG den Radio-Aufruf, der ihn schon zum Bundeskanzler erklärt hatte. Gegenüber Schuschnigg bestritt er jede Beteiligung am Putsch. Auch eine für diesen Fall geplante Flucht nach Italien lehnte er nun ab. Stattdessen richtete er nach Mitternacht seinen Revolver gegen sich. Rintelen überlebte schwer verletzt, teilweise gelähmt. Er kalkulierte, damit einem Standgericht zu entgehen. Seine körperliche Natur bot ihm für einen Streifschuss in die linke Brustseite eine selten günstige Möglichkeit. Er hatte einen Situs inversus, das Herz auf der rechten Körperseite. Rintelen entging dem Standgericht und wurde erst später von einem ordentlichen Gericht zu einer lebenslänglichen Haft verurteilt, aus der er 1938, nach dem Berchtesgadener Abkommen, entlassen wurde. Ähnlich wie Pfrimer spielte auch Rintelen, der 1938 NS-Reichstagsabgeordneter wurde, politisch keine Rolle mehr. Er starb 1946 in Graz.

Zu Allerheiligen 1934 wurde VF-Bundesleiter Karl Maria Stepan neuer Landeshauptmann. Er war schon unter Rintelen Generalsekretär der christlichsozialen Landespartei, später Generaldirektor der „Katholischen Preßvereinsanstalten" geworden war. Mit Schuschnigg verstand er sich nicht. Stepan führte einen repräsentativen Stil und fühlte sich in der Tradition Erzherzog Johanns. Mit Hilfe des jungen Hanns Koren versuchte er in „großen Ständetagen" die Bevölkerung zu gewinnen. Als entschiedener NS-Gegner versuchte Stepan über den steirischen Arbeiterkammerpräsidenten Josef Krainer und in der „Sozialen Arbeitsgemeinschaft" der VF Kontakte zu den illegalen Sozialdemokraten aufzubauen. Neu in das Regierungsteam kamen Barthold (Graf) Stürgkh als Landesstatthalter und der spätere ÖVP-Minister Peter Krauland, zuvor Arbeiterkammer-Sekretär unter Krainer.

Den fortdauernden NS-Aktionen versuchte der Staat durch zahlreiche Verhaftungen und Beschlagnahmen oder die zweimalige Aushebung der Kanzlei der SA-Brigade 5 Ende 1936 zu begegnen, konnte jedoch der illegalen NS-Bewegung nicht mehr entscheidend beikommen. Die VF-Versuche, Themenschwerpunkte und Auftreten der Nationalsozialisten wie Höhenfeuer oder „Volkstage" nachzuahmen, der teilweise mystische Kult um den „Märtyrer-Bundeskanzler" Dollfuß, dessen Ermordung mit dem Kreuzestod Jesu Christi verglichen wurde, verbunden mit jährlichen Trauerfeiern, Denkmalenthüllungen und Straßenbenennungen, waren ebensolche untaugliche Versuche zur Herstellung einer neuen österreichischen Identität.

Schuschnigg versuchte auch, die Nationalsozialisten über eine eigene Plattform der VF, das „Volkspolitische Referat", zu integrieren. Volkspolitischer Referent für die Steiermark wurde Mitte Oktober 1937 Technik-Professor Armin Dadieu. Ein riskanter Versuch, weil Dadieu die VF von innen aushöhlte und die Nationalsozialisten legal auf die öffentliche Bühne zurückholte. Wenige Monate später war Dadieu Motor der NS-"Volkserhebung" und stellte damit den seit 1936 agierenden, verbindlich wirkenden illegalen Gauleiter Sepp Helfrich in den Schatten. Im Hintergrund, von der Öffentlichkeit noch völlig unbemerkt, agierte bereits SA-Schulungsleiter Sigfried Uiberreither.

Während Helfrich einen „Befriedungskurs zwischen dem System und dem Nationalsozialismus" auf dem Boden des deutsch-österreichischen Juli-Abkommens von 1936 versuchte und dabei, etwa durch die Verhinderung des groß geplanten „Deutschen Tages" in Graz am 6. März 1938 auch Erfolge hatte, stand Dadieu in der Öffentlichkeit und gab die Galionsfigur der NSDAP ab. Uiberreither organisierte vor allem seine SA-Brigade 5. Die laufenden Aufmärsche der SA revolutionierten in

Graz die Stimmung. Ende Jänner 1938 hatte Dadieu in Berlin Unterstützung für sein „entschlossenes" Programm zur gewaltsamen NS-Machtergreifung gefunden.

Die Grazer „Volkserhebung"

Mit dem Berchtesgadener Abkommen vom 12. Februar 1938, zu dem Hitler den österreichischen Bundeskanzler auf den Obersalzberg zitiert und ihm die Bedingungen weitestgehend diktiert hatte, wurde den Nationalsozialisten vor allem die Betätigung im Rahmen der Gesetze zuerkannt, eine Amnestie für politische Straftaten gewährt und der Nationalsozialist Arthur Seyß-Inquart zum Innen- und Sicherheitsminister ernannt. Obwohl das Abkommen noch geheim war und diesem formal noch Bundespräsident Wilhelm Miklas zustimmen musste, feierten in Graz die Nationalsozialisten bereits den „Anschluss". Mit dabei vor allem Lehrer, Schüler, Beamte und Studenten. Nicht wenige, die bis dahin das rot-weiß-rote Bändchen der VF am Revers („Existenzklammer") getragen hatten, steckten sich nun ein Hakenkreuz an, um noch rechtzeitig dabei zu sein. Als erstes Gegengewicht konnte der Ständestaat noch „Kundgebungen der Arbeiterschaft", organisiert von der VF unter Gorbach, aufbieten, an denen die sozialdemokratischen Spitzen jedoch nicht teilnahmen.

Sowohl die Generalamnestie für alle politischen Häftlinge nach dem Berchtesgadener Abkommen als auch Hitlers martialische Rede vom 20. Februar, führten in zahlreichen steirischen Orten zu großen NS-Kundgebungen. In Graz verbrüderten sich Demonstranten mit dem Militär, viele trugen Hakenkreuze, grüßten mit „Heil Hitler" und sangen NS-Lieder. Autos und Straßenbahnen waren mit Hakenkreuzfähnchen geschmückt, Schüler gingen kaum noch zur Schule, die Straßenbahn fuhr für Demonstranten gratis. Die Auslagen mehrerer jüdischer Geschäfte wurden zertrümmert, und am 19. Februar war ein junger Nationalsozialist die Fassadenwand am Grazer Rathaus hochgeklettert und hatte für kurze Zeit vom Rathaus der Stadt unter tosendem Applaus und Sprechchören erstmals eine Hakenkreuzfahne gehisst. Die „Volkserhebung" in Graz hatte begonnen.

Die VF organisierte nun neue Gegenkundgebungen, an denen erstmals auch sozialdemokratische Funktionäre teilnahmen. Die illegale Linke, vor allem Kommunisten, stellten in der Mur-Mürz-Furche Gegentrupps auf. Die katholische Amtskirche, ein entscheidender Faktor, schwieg zu all dem weitgehend. Die Schuschnigg-Rede vor dem ständestaatlichen Parlament am 24. Februar („Rot-Weiß-Rot bis in den Tod!"), von der VF vor jedes Rathaus und Gemeindeamt übertragen, ließ die Situation explodieren. In Graz hatten tausende Nationalsozialisten den Hauptplatz besetzt und verhinderten die Übertragung der Schuschnigg-Rede. Zum ersten Mal in Österreich wehte von einem öffentlichen Gebäude, dem Grazer Rathaus, das Hakenkreuz. Für die Nationalsozialisten eine „Volkserhebung", wie die Stadt auch im „Dritten Reich" bald genannt wurde und in eine Reihe mit Berlin, München, Nürnberg oder Hamburg aufrückte. Bürgermeister Schmid wurde am folgenden Tag von Stepan seines Postens enthoben. In dieser angespannten Lage versuchte jedoch Schuschnigg, durch eine Ablöse der schärfsten NS-Gegner und eine weiche Politik eine Entschärfung herbei zu führen. Gorbach und Stepan, ersetzt durch Rolph Trummer, mussten gehen. Graz und damit auch das politische Zentrum der Steiermark hatte den Anschluss vor dem „Anschluss" durchgeführt.

Vom neuen Landeshauptmann Trummer forderte die Arbeiterschaft, die sich teilweise in der VF-Plattform „Soziale Arbeitsgemeinschaft" zu organisieren begann, mehr Einfluss, zwei Regierungssitze, einen Grazer Bürgermeister aus der Arbeiterbewegung und ein entschiedenes Abgehen von der nachgiebigen Politik gegenüber den Nationalsozialisten. Vergeblich. Es war zu spät.

Am 9. März kündigte Schuschnigg überraschend und gegen den Willen von Bundespräsident Miklas von Innsbruck aus für Sonntag, den 13. März 1938, eine Volksbefragung „für ein freies, deutsches, unabhängiges und soziales, für ein christliches und einiges Österreich, für Friede und Arbeit und die Gleichberechtigung aller, die sich zu Volk und Vaterland bekennen", an. In Graz und in der Obersteiermark war an eine entsprechende Vorbereitung der Volksbefragung nicht mehr zu denken. Militär und Exekutivbeamte verhielten sich den Nationalsozialisten gegenüber weitgehend passiv, viele von ihnen waren schon Mitglieder des „NS-Soldatenringes". Dennoch: Ein Teil der steirischen Arbeiterschaft und der illegalen Arbeiterbewegung mobilisierte bereits an der Basis für ein „Ja" bei der Volksbefragung, um Österreich zu erhalten. Mit Schuschnigg, so meinte man, würde man anschließend entsprechend verhandeln. Eine Mehrheit im Sinne der Volksbefragung schien in Österreich, aber auch in der Steiermark möglich. Jetzt reagierte Hitler.

Schuschnigg: „Es ist aus!"
Unter dem Druck eines militärischen Einmarsches und mehrerer deutscher Ultimaten, sagte Schuschnigg die Volksbefragung am 11. März ab und verabschiedete sich am Abend in einer Radiorede vom österreichischen Volk mit dem bewegten Wunsch „Gott schütze Österreich", weil er nicht gewillt war, „deutsches Blut zu vergießen", Zuvor hatte Schuschnigg noch kurz mit Trummer telefoniert und knapp erklärt: „Es ist aus". Noch in der Nacht zum 12. März, bevor der erste deutsche Soldat in Österreich einmarschierte, war die Steiermark nationalsozialistisch, Helfrich Landeshauptmann, Julius Kaspar Grazer Bürgermeister. Während Trummer in der Burg war, wurde bereits seine Wohnung von der Polizei untersucht. Gleichzeitig begann am 12. März der von Hitler kurzfristig angeordnete Einmarsch deutscher Truppen in Österreich. Die Steiermark spielte dabei militärisch keine Rolle mehr. Das Land war bereits nationalsozialistisch. Alle wichtigen öffentlichen Posten und Funktionen waren mit NS-Leuten besetzt.

Wirtschaft

Nach den Schwierigkeiten der Umstellungsphase bis etwa Mitte der zwanziger Jahre folgte mit dem Greifen der Genfer Sanierung 1922 und steirischen Aufbauplänen, wie dem Ausbau der Wasserkraftwerke (zuerst von Arnstein), der Schiene und Straße, dem stärkeren Einstieg der Firmen in den Außenhandel, vor allem noch im Donauraum, der Produktivitätssteigerung in der Landwirtschaft, dem Ausbau des Fremdenverkehrs oder dem Vorzeigeprojekt des Straßenbaus auf der Pack, eine starke Belebung der steirischen Wirtschaft. Dazu kam wesentlich eine Nachfrage, vor allem für die steirische Stahl- und Metallindustrie, aus Großbritannien, weil der große englische Bergarbeiterstreik ganze Produktionsstraßen still gelegt hatte. Daran konnte auch die Streikwelle nach dem Brand des Justizpalastes 1927 oder der Eisenbahnerstreik zur Zeit der Grazer Herbstmesse 1927 nichts ändern. Die steirische Eisen- und Stahlproduktion war nach einem Rückgang bis 1926, ab Anfang 1927 wieder stark gestiegen und konnte bis 1929 bei Walzwaren, Rohstahl, Roheisen und Eisenerz die Erzeugung gegenüber der Mitte der zwanziger Jahre fast verdoppeln. Zudem waren 1929, als in den USA die Weltwirtschaftskrise ausbrach („Schwarzer Freitag"), die Auftragsbücher der steirischen Firmen prallvoll.

Der Tourismus hatte stark aufgeholt und sich vom Einzugsbereich Ungarn und Donauraum weg und vor allem zum deutschen Gast hin entwickelt. Die „Grazer Messe", die „Grazer Festspiele" oder die „Schladminger Winterfestwochen" brachten eine neue, gehobene Klientel. Zur Basisauslastung akzentuierte man den Kur- und Heilstättentourismus weiter, erweiterte den Wintertourismus, vor allem in Mariazell und Mürzzuschlag, und ließ den Gast in der warmen Jahreszeit die steirische „Sommerfrische" entdecken. Ab Dezember 1925 begann die Österreichische Luftverkehrsgesellschaft (Ölag) mit einem regelmäßigen Flugverkehr auf der Linie Wien – Graz – Klagenfurt, 1927 wurde der Thalerhof zum Zollflughafen erklärt, so dass über Graz internationale Flugstrecken geführt werden konnten.

Die gute Konjunktur – 1928/29 war das beste Wirtschaftsjahr der Zwischenkriegszeit – wurde jedoch jäh

Arbeitsbeschaffung durch Straßenbau: Feierliche Eröffnung der Packer Bundesstraße bei Edelschrott 1936 durch Bundespräsident Wilhelm Miklas und Landeshauptmann Karl Maria Stepan.

unterbrochen. Infolge der Weltwirtschaftskrise schlitterte die steirische Wirtschaft in eine ihrer schwersten Krisen. Die Konjunktur stürzte ab, die Arbeitslosenzahlen schnellten in die Höhe. Aus eigener Kraft, etwa durch Landesinvestitionen, konnte nicht wirklich entgegengesteuert werden, zu unbeweglich war das Landesbudget, um Arbeitsbeschaffungsmaßnahmen zu finanzieren, den Menschen Arbeit und Zukunft zu geben. Für 1933 konnte in der Landesregierung überhaupt kein gemeinsames Budget mehr erstellt werden. Betriebe wie die Weitzer Waggonfabrik mussten mangels Aufträgen still gelegt werden. Zusätzlich traf Hitlers „Tausend-Mark-Sperre" 1933 den steirischen Tourismus ins Mark. So waren etwa in Mariazell 1929/30 noch 8.794 Gäste aus dem Deutschen Reich gemeldet gewesen. 1933 war ihre Zahl auf 76 (!) zurückgegangen und blieb auch in den folgenden Jahren bis 1936 unter

150 Meldungen. Ähnlich die Situation auch anderswo, am Semmering, in Gleichenberg oder Graz.

Die Verarmung breiter Bevölkerungsschichten, die Produktionsrückgänge in der Industrie und in der gewerblichen Wirtschaft, das Ausbleiben der deutschen Gäste und eine abermalige schwere Verschuldung der steirischen Landwirtschaft führten zu einem starken Ertragsrückgang aller steirischen Gemeinden und zu ihrer teilweisen Zahlungsunfähigkeit. 1935 waren die steirischen Gemeinden und Städte innerhalb Österreichs am höchsten verschuldet. Die öffentlichen Stützungen, die Versuche zur Umschuldung von steirischen Bauern, der staatlich organisierte freiwillige Arbeitsdienst, arbeitsintensive Bauprogramme (vor allem die Packer Straße und Drainagen), die Stützung karitativer Organisationen, von Fürsorgeeinrichtungen zur Betreuung der „Ausgesteuerten" und Bettler sowie punktuelle Förderungen waren für einen Konjunkturumschwung zu gering. Die viel zu späte Gegensteuerung des Staates, mit öffentlichen Aufträgen Arbeitsplätze zu schaffen, der Freiwillige Arbeitsdienst oder die Wiedereinführung einer Wehrpflicht wirkten 1937/38 nur noch partiell und wurden kaum mehr wahr genommen.

Viel stärker wirkten für die steirische Wirtschaft bereits die wirtschaftspolitischen Maßnahmen, die das „Dritte Reich" nach dem Juli-Abkommen 1936 gegenüber Österreich gesetzt hatte: Die Aufhebung der „Tausend-Mark-Sperre", die Einbeziehung der Alpine-Montan als Zulieferer für den deutschen Vierjahresplan und die Aufrüstung Hitler-Deutschlands. Diese vor allem politisch motivierten Maßnahmen Deutschlands wirkten in der Steiermark für den Nationalsozialismus. So gab es im Frühjahr 1937 in Eisenerz keine Arbeitslosen mehr. Der Personalstand der Alpine war bis 1937 um 50 Prozent, die Einwohnerzahlen der Stadt auf das Doppelte angestiegen.

Kultur und Wissenschaft

Die Kultur blieb im Wesentlichen dem Traditionellen verbunden. Das intellektuelle steirische Klima der zwanziger und dreißiger Jahre kann als vorwiegend heimat- und volksorientiert charakterisiert werden. Viktor Geramb hatte mit seinen Publikationen die Schlüsselbegriffe des aktuellen Diskurses vorgegeben: Volkstum, Heimat, Brauchtum, Volkskultur. Andere Strömungen sind noch am ehesten in Richtung freireligiös-esoterischer Gruppierungen zu verzeichnen. Anschluss an die internationale Avantgarde und Moderne schaffte in der Steiermark vor allem die bildende Kunst mit Wilhelm Thöny, Alfred Wickenburg, Fritz Silberbauer, Axl Leskoschek, Hanns Wagula, Igo Klemenčič, Paul Schmidtbauer, Erich Hönig-Hönigsberg und kurze Zeit später Hans Mauracher.

Andererseits brachte die Wissenschaft an den steirischen Hochschulen anerkannte Leistungen hervor: Vier Nobelpreisträger lehrten in Graz. Der Steirer Viktor Franz Hess, 1936 Nobelpreisträger für Physik und Professor für Experimentalphysik. Erwin Schrödinger, dem 1933 der Nobelpreis für die Entwicklung neuer Formen der Atomtheorie verliehen wurde. Der Pharmakologe Otto Loewi hatte den Nobelpreis für die chemische Übertragung von Nervenimpulsen erhalten und Fritz Pregl für die organische Mikroanalyse. Zu den bekannten Wissenschaftlern mit Graz-Bezug zählten auch der Pharmakologe Carl Ferdinand Cori, der ab 1921 als Assistent an der Lehrkanzel für Pharmakologie in Graz tätig war und 1947 gemeinsam mit seiner Frau Gerty Theresa Cori den Nobelpreis bekam. Alfred Wegener hatte seine grundsätzlichen Arbeiten zur Kontinentalverschiebungstheorie vor seiner Berufung an die Universität Graz erbracht. Großes Aufsehen erregten seine Grönlandexpeditionen, bei deren zweiter er 1931 ums Leben kam. Seine Tochter Lotte ehelichte später den Bergsteiger Heinrich Harrer, seine jüngere Tochter den steirischen NS-Gauleiter Sigfried Uiberreither. 1923 hatte Adolf Gustav Smekal mathematisch den 1928 vom indischen Physiker Chandrasekhara V. Raman experimentell nachgewiesenen Effekt der Streuung monochromatischen Lichtes durch mathematische Berechnungen vorhergesagt. Dazu forschte in der Zwischenkriegszeit an der Technischen Hochschule vor allem Armin Dadieu. Karl Federhofer behandelte Probleme der Kinematik, der Stabilität und der Schwingungen von Schalen und Platten. Viktor Kaplan aus Mürzzuschlag machte mit seiner Turbine auch Wasserläufe mit geringem Gefälle für die Stromversorgung nutzbar.

Am 12. März 1938, gegen 2 Uhr früh, nach der Abdankung Trummers, übernahm NS-Gauleiter Helfrich als kommissarischer Landeshauptmann die Macht. Dadieu wurde Landesstatthalter. Parallel dazu hatte in Wien Seyß-Inquart zunächst eine NS-Bundesregierung, einen Tag später die Behörde des Reichsstatthalters, gebildet, der allerdings kein Steirer angehörte. Noch vor dem Einmarsch der Wehrmacht war Heinrich Himmler in Wien gelandet, um die politischen Gegner auszuschalten und die Exekutive unter Ernst Kaltenbrunner zu stellen, der u.a. in Graz studiert hatte und der Burschenschaft „Arminia" beigetreten war.

Das Land Steiermark war Reichsstatthalter Seyß-Inquart, der NSDAP-Gau Steiermark war dem „Reichskommissar für die Wiedervereinigung Österreichs mit dem Deutschen Reich", Joseph Bürckel, unterstellt. Die Steiermark sollte planmäßig gar nicht besetzt werden, so sicher war man sich. Spontan entschied Hitler jedoch in Linz, auch in die Steiermark und in Kärnten einzumarschieren. Am 21. März erreichte die Wehrmacht, teilweise per Bahn, weil die Pässe verschneit waren, Graz und hielt in den folgenden Tagen Paraden ab. Auf der Grenzbrücke in Radkersburg organisierte sie am 22. März zur Betonung der gutnachbarlichen Beziehungen ein gemeinsames deutsch-jugoslawisches Defilee.

Politisch überließen die Nationalsozialisten nichts dem Zufall. Noch in der Umbruchsnacht und tags darauf wurden die führenden Vertreter des Ständestaates und als NS-Gegner bekannte Persönlichkeiten verhaftet oder unter Hausarrest gestellt. Unter ihnen Stepan, Trummer, Gorbach, Krainer und Karl Lipp. Außerdem die Nobelpreisträger Loewi und Schrödinger, Oberrabbiner Herzog, Pazifisten, Anarchisten und Linke. Bischof Ferdinand Pawlikowski wurde unter Hausarrest gestellt und am 13. März inhaftiert. Er blieb der einzige von den Nationalsozialisten verhaftete Bischof des „Dritten Reiches".

Am Tag der Machtübernahme wurden 134 Exekutivbeamte, etwa 15 Prozent des Ist-Standes, zwangspensioniert, entlassen oder strafversetzt, die Medien unter NS-Kontrolle gebracht (vor allem die „Kleine Zeitung" des Katholischen Preßvereins, die bürgerliche „Tagespost", die man zur NS-Parteizeitung umfunktionierte, das Radio und die zahlreichen lokalen Wochen- und Monatszeitungen), die Gemeindetage aufgelöst, teilweise neue Bürgermeister eingesetzt und großteils neue Bezirkshauptmänner ernannt sowie die Kammern auf NS-Linie gebracht. Binnen zwei Tagen hatten die Nationalsozialisten die gesamte Macht im Lande übernommen.

„Grenzgau": Die Aufwertung der steirischen Provinz

Politik

Am 15. März 1938 proklamierte Hitler auf dem Wiener Heldenplatz den „Anschluss" Österreichs an das Deutsche Reich. Die nationalsozialistische Mission der „Ostmark", nämlich „Bollwerk" zu sein, galt besonders auch für die Steiermark. Zusammen mit Kärnten bildete sie die „Südmark" des Reiches, die übergeordnete Struktur für die Wirtschaft, Post, Finanz, Justiz und Landwirtschaft, für die SS, SA oder im Reichsarbeitsdienst. Mit der Grenzland-Identität der „Südmark" knüpften die Nationalsozialisten an bestehende Traditionen an. „Grenzer" brauchte man nicht erst im März 1938 zu werden, „Grenzer" war man als Steirer von alters her.

Doch auch die Steiermark selbst sollte mit der versuchten Entprovinzialisierung als „Grenz-Gau" des „Dritten Reiches" aufgewertet werden und an der südöstlichsten Ecke „Großdeutschlands" Aushängeschild der „Leistungen und der Modernität des Reiches" und der praktizierten Ideologie des NS-Regimes sein. Möglichst auf allen Ebenen: In der politischen Ausrichtung der Steirer, in der Wirtschaft und Kultur des Landes, aber auch in der Verfolgung der Menschen aus politischen, „rassischen", religiösen oder „biologischen" Gründen. Dazu sollten eine entsprechende Fläche (Anschluss des südlichen Burgenlandes 1938 und Angliederung der Untersteiermark 1941), ein „starker" Grenz-Gauleiter mit einer starken NSDAP (nach Wien und Niederösterreich hatte die Steiermark die meisten NSDAP-Mitglieder) und die wirtschaftliche Stärkung des Landes Grundvoraussetzungen sein.

Graz sollte als „Stadt der Volkserhebung" auf eine Ebene mit den großen deutschen Städten gestellt, die NS-Stadtplanung darauf abgestellt werden. Die steirische Tracht, der „graue Rock" Erzherzog Johanns, wurde als Ersatz der Parteiuniform akzeptiert und war zum „Grenzer"-Signet geworden.

Was dem Land allein vom Wirtschaftlichen dazu noch fehlte, sollte in großem Tempo rasch nachgeholt, seine Überkapazitäten ebenso rasch vom („Alt")Reich abgesogen werden. Förderprogramme, der schnelle Abbau der hohen Arbeitslosigkeit, ein riesiges Wohnbauprogramm, der Abzug tausender Facharbeiter, der Ausbau von Industriekapazitäten, der Aufbau einer gezielten Rüstung, die Umschuldung der steirischen Landwirtschaft; das Nebeneinander von Modernität und Traditionalismus, von Führerstaat und den starken Herrschaftsträgern der SA oder SS, die Integration möglichst aller „Volksgenossen" in die breite Palette von NS-Organisationen und die Ausgrenzung, die Verfolgung und schließlich systematische Ermordung von Juden, Zigeunern, Slowenen, politischer Gegner, Wehrdienstverweigerer oder Geisteskranker kennzeichneten die folgenden Jahre der NS-Herrschaft.

Die Uniformierung des Volkes und die gebremste Machtübernahme sollte in einer möglichst hundertprozentigen Zustimmung zum bereits vollzogenen „Anschluss" der Steirer bei der Volksabstimmung und Wahl zum „Großdeutschen Reichstag" am Palmsonntag, dem 10. April 1938, zum Ausdruck kommen. Durch den Ausschluss von rund 40.000 NS-Gegnern, von Juden und Roma und durch einen bis ins Detail durch-

Das NS-System schlägt noch während des Jubels des Großteils der Bevölkerung hart zu: Erste Verhaftungen von NS-Gegnern in Köflach.

organisierten Wahlfeldzug überließ man nichts dem Zufall. Von der Propagierung entsprechender Wahlempfehlungen der katholischen Bischöfe, der Pro-"Anschluss"-Haltung der Evangelischen Kirche, den Aufrufen von Karl Renner oder von Heimatdichtern wie Hans Kloepfer bis zur Propaganda im Film und Radio, von Massenveranstaltungen mit möglichst prominenten NS-Parteiführern bis zur wirtschaftlich-sozialen Wahlwerbung, etwa durch Volksausspeisungen, Neueinstellungen von Arbeitslosen, Absatzerleichterungen für Bauern, Ehestandsdarlehen und Freizeitaktionen. Schließlich begann Hitler seine Österreich-Reise zur Volksabstimmung mit einer im ganzen Reich übertragenen Rede in der maschinenleeren Weitzer Waggonfabrik in Graz. Das steirische Ergebnis der Volksabstimmung mit 99,87 Prozent Ja-Stimmen lag über dem österreichischen Durchschnitt. Auf eine Nein-Stimme kamen im Landesdurchschnitt 784 Ja-Stimmen.

Auftakt zur „Volksabstimmung" vom 10. April 1938 in der Maschinenhalle der stillstehenden Grazer Wagonfabrik (später: Simmering-Graz-Pauker und Siemens). Die Veranstaltung und Hitlers Rede wurde von allen deutschen Radiosendern live übertragen.

Nach der „Volksabstimmung" ging es in der zweiten Phase der Machtsicherung darum, die Wirtschaft, Gesellschaft und Kultur auf NS-Linie zu bringen. Mit 31. Mai 1938 legte Hitlers Reichskommissar für das österreichische Gebiet, Joseph Bürckel, das Gebiet des NSDAP-Gaues Steiermark fest, der deckungsgleich mit dem Land wurde: Ohne den Lungau, auf den die Steirer Avancen hatten, ohne den Gerichtsbezirk Aussee, der zu „Oberdonau" kam und mit dem südlichen Burgenland. Damit hing die Frage eines neuen Gauleiters und

Landeshauptmannes zusammen, denn im aufgeteilten Burgenland gab es mit Tobias Portschy ebenfalls einen Gauleiter und Landeshauptmann. Hitler ernannte am 22. Mai 1938 SA-Brigadeführer Dr. Sigfried Uiberreither, 30 Jahre alt, zum Gauleiter und Portschy zu seinem Stellvertreter, obwohl Uiberreither formal noch kein Parteimitglied der NSDAP war. Uiberreither, ein gebürtiger Salzburger, wurde Disziplin, Härte, Intelligenz und Durchsetzungsvermögen bescheinigt. Über einzelne, wichtige Herrschaftsträger, wie die Polizei, hatte er keine Befehlsgewalt. Gegen die SS konnte er sich mehrfach nicht durchsetzen. Für die komplexen nationalen Verzahnungen in der Untersteiermark hatte er kein Einfühlungsvermögen.

Mit dem „Ostmark"-Gesetz 1939 wurde Uiberreither Reichsstatthalter, die Steiermark zum „Reichsgau" und direkt den Berliner Reichsbehörden unterstellt. Drei Jahre später erhielt er zusätzlich die Funktion eines „Reichsverteidigungskommissars" und war damit wesentlich für die militärischen Verteidigungsanstrengungen (vom Bau des „Südostwalls" bis zum Luftschutz), aber auch für Evakuierungen, die Verfolgung von Deserteuren, die Sprengung von Brücken und Anlagen knapp vor Kriegsende zumindest mitverantwortlich. Bis knapp vor Kriegsende wollte er noch Graz gegen die Rote Armee „verteidigen". Nach seiner Zeugenaussage beim Nürnberger Kriegsverbrechertribunal und während seiner Überstellung nach Jugoslawien, gelang ihm 1947 mit Hilfe einer Untergrundorganisation für ehemalige NS-Funktionäre die Flucht. Er starb unter einem anderen Namen 1984 unerkannt in Deutschland.

Der NSDAP-Gau Steiermark hatte 1942 insgesamt 107.030 und 15 Prozent der österreichischen NSDAP-

Mitglieder. Jeder dritte von ihnen arbeitete bis 1938 schon „illegal" – der höchste Anteil aller Bundesländer und doppelt so hoch wie in den anderen österreichischen Ländern zusammen.

Mit dem „Ostmarkgesetz" 1939 verlor die Steiermark die Landesregierung. Aus ihr wurde eine weisungsgebundene Behörde des Reichsstatthalters. Der Landeshauptmann wurde Reichsstatthalter, die Landesräte Regierungsdirektoren. Den Reichsstatthalter vertraten der Regierungspräsident (der Niedersachse Otto Müller-Haccius) für den staatlichen und der Gauhauptmann (Dadieu) für den gaueigenen Bereich. Das Land war nicht mehr Wien unterstellt, sondern direkt der Reichsregierung in Berlin, insbesondere dem Innenminister. Das durch die Eingemeindungen, teilweise unter beträchtlichen Widerständen geschaffene „Groß-Graz" sollte ähnlich Linz eine großdeutsche städtebauliche Fasson bekommen, sich entlang einer riesigen Südachse mit den entsprechenden Regierungsbauten und Aufmarschplätzen vom Jakominiplatz bis Liebenau und weiter nach dem Süden entwickeln und auf dem Schlossberg hohe „Führerbauten" erhalten. Die Stadt hatte nur noch acht Bezirke, die man, um bestehende Identitäten zu brechen, nach Himmelsrichtungen und die innere Stadt als „Graz-Mitte" benannte. Ab 1944 wurde Graz offiziell nur noch als „Stadt der Volkserhebung" bezeichnet. Kaspar unterzeichnete als „Oberbürgermeister der Stadt der Volkserhebung".

Nach dem Einmarsch der Deutschen Wehrmacht in Jugoslawien am 6. April 1941 wurde die ehemalige Untersteiermark sowie darüber hinaus ein Grenzstreifen jenseits der Save und der alten Grenze des Herzogtums dem Reichsgau Steiermark angegliedert, doch nicht eingegliedert. Die Grenze bei Spielfeld blieb, freilich nicht mehr als Staatsgrenze, bis 1945 dennoch erhalten. Gauleiter Uiberreither wurde Chef der Zivilverwaltung in der Untersteiermark und setzte, gemeinsam mit anderen NS-Stellen, wie dem „Reichskommissar für die Festigung Deutschen Volkstums", eine brutale Volkstums- und Rassenpolitik um. Über 30.000 Slowenen wurden allein aus dem Grenzstreifen zu Kroatien („Ranner Dreieck") nach Serbien und in das „Altreich" deportiert und auf ihren Höfen umgesiedelte Südtiroler angesiedelt. Die Zielrichtung der NS-Germanisierungspolitik war die Auslöschung des Slowenischen in Sprache und Kultur („Machen Sie mir dieses Land Deutsch!"). Erst nach 10 Jahren sollte die Untersteiermark in das Deutsche Reich eingegliedert und in dem Land reichsdeutsches Recht und Gesetz zur Gänze zur Anwendung kommen.

Angesichts der brutalen NS-Politik hatte besonders im untersteirischen Raum die anfänglich katholisch-bürgerliche, bald jedoch kommunistische Partisanenbewegung unter Tito großen Zulauf, so dass gegen Kriegsende viele Gebiete nicht mehr ohne militärische Sicherung zu bereisen waren. Die wirtschaftlichen Aufbaumaßnahmen und die forcierte Industrialisierung des Raumes wurde besonders für die deutsche Rüstung eingesetzt, konnte jedoch ab 1944 immer weniger verwendet werden.

Verfolgung

Neben der Ausschaltung der politischen Gegner, den Repräsentanten des Ständestaates und der Linken, war in der Steiermark besonders die Verfolgung der rund 2.000 Juden, der Roma und Sinti, von Slowenen in der Untersteiermark sowie von Religionsgemeinschaften, vor allem der Katholischen Kirche, aber auch von Zeugen Jehovas, ausgeprägt. Dazu kam die „Tötung unwerten Lebens" in den Euthanasie-Programmen. Zur Verfolgung von NS-Gegnern und zur ständigen Überwachung der Bevölkerung, ihrer Stimmungslage, Wirtschaft, Kultur, Volksgesundheit oder der Verwaltung, wurde ein umfangreicher Repressionsapparat mit Sicherheitsdienst aufgebaut, später vereinigt im Reichssicherheitshauptamt, dem ein Netz von Informanten und Spitzeln zuarbeitete.

Übergriffe auf Juden und ihre Vermögen setzten sofort nach der NS-Machtergreifung in beträchtlicher Zahl ein. Verhaftungen und Geschäftsstörungen waren latent. Die erste Phase der „Entjudung" der steirischen Wirtschaft, des Stehlens jüdischen Besitzes, mit großteils anschließenden „Arisierungen", also der Übergabe jüdischen Besitzes an „Arier", betraf nach dem „Anschluss" etwa die Weißkirchner Weberei, Martin & Anders in Pinggau, die Brauerei Reininghaus sowie zahlreiche kleinere Gewerbebetriebe, wie den Kürschner Abraham Fuchs in Leoben oder den Maler Simon Salzmann in Graz. Das bedeutende „Alpenlandkaufhaus" Kastner & Öhler konnte durch Besitzumschichtungen innerhalb der Familie einer „Arisierung" entgehen.

Weiteres Beschlagnahmen größerer jüdischer Vermögen folgte in Bad Gleichenberg, Tauplitz, in Rettenegg, Graz, Mautern und auf dem Semmering. Die Beschlagnahmungen waren von weiteren Verhaftungen von Funktionären der Israelitischen Kultusgemeinde (IKG) begleitetet. Für die Masse der Juden noch schwerer wogen die legistischen Maßnahmen des Regimes, von der Enthebung aller jüdischen Beamten vom Dienst, der Entfernung aller jüdischen Schü-

Den umfangreichen Nachlass der Predigten von Oberrabbiner David Herzog fand Stefan Karner 1992 in einem Moskauer Archiv.

ler aus den öffentlichen Schulen, den „Arisierungen" bis zu Berufsverboten für Ärzte, Rechtsanwälte oder Apotheker.

Bis 4. November 1938 waren von den rund 2.200 Juden, die noch im März in Graz gelebt hatten, 417 nach Palästina ausgewandert. Andere Juden waren illegal nach Jugoslawien, Italien und Frankreich geflohen. An der steirischen Südgrenze zu Jugoslawien entwickelte sich ein regelrechter Menschenhandel, in den zahlreiche Bauern und Zöllner involviert waren. „Arische Schlepper" schmuggelten steirische Juden, bis 1938 mit Duldung der NS-Stellen, über die Grenze. Staatenlose Grazer Juden, wie die Familie Friedrich Busch, wurden an die polnische Grenze abgeschoben.

Der Judenpogrom in der Nacht zum 10. November 1938 unterschied sich in Graz kaum von den Ausschreitungen in anderen größeren Städten. Hunderte SA- und SS-Männer in Zivil hatten mit den Repressalien gegen

Steirische politische KZ-Häftlinge, v. l.: Sicherheitsdirektor
Franz Zelburg, Landeshauptmann Karl Maria Stepan,
VF-Landesführer Alfons Gorbach.

die Juden und der Zerstörung ihrer religiösen Stätten begonnen. Das Amtshaus der IKG Graz neben der Synagoge wurde nicht zerstört, sondern zum Sitz der HJ-Bannführung Graz-Stadt und Graz-Land umfunktioniert. Noch in der Nacht und am frühen Morgen verhaftete man in Graz rund 300 Juden, außerhalb von Graz weitere 50. In der Früh wurde Oberrabbiner Herzog aus seiner Wohnung geholt, vor der Synagoge zur Mur geführt und mit dem Ertränken bedroht, worauf er 50 jüdische Familienväter namhaft machen konnte, die wieder freigelassen wurden.

Gegen die Judenpogrome, vor allem in Graz, gab es vereinzelte Proteste, auch innerhalb der SS und SA. Eine besondere Stelle nahm jedoch das Protestschreiben des Grazer Theologen Ude an Uiberreither ein. Als Udes Kritik Monate später auch in Paris publiziert wurde, erhielt er mit 1. Mai 1939 „Gauverweis" und musste die Steiermark verlassen.

Das November-Pogrom hatte den Boden für die nun forcierte wirtschaftliche und physische Vernichtung auch der steirischen Juden aufbereitet und war gewissermaßen der Auftakt für die wirtschaftliche „Endlösung". Dazu wurden von der Landeshauptmannschaft Steiermark Verzeichnisse aller jüdischen Gewerbebetriebe angelegt, nach denen nun konsequent „arisiert" wurde. Für die Übernahme der relativ billig angebotenen jüdischen Betriebe gab es viele Antragsteller.

Zu Jahresende 1939 lebten in der Steiermark fast keine Juden mehr. Der Gau war „judenfrei". Dennoch wurden auch in der Steiermark Fälle bekannt, in denen Menschen unter größtem persönlichem Risiko Juden vor dem Zugriff der Gestapo und des Systems erfolgreich versteckt hielten.

Die relativ „offene" Grenze Richtung Jugoslawien war für 30.000 bis 50.000 Juden aus Deutschland ein Nadelöhr zur Flucht. Über eine Organisation von einheimischen Bauern, Zöllnern, Schleppern und teilweise mit Wissen und Duldung der NS-Behörden ermöglichte etwa der Grazer Kaufmann Johann Schleich vielen Juden eine illegale Ausreise. Viele der geflohenen Juden wurden in Agram/Zagreb von der „Hilfsorganisation amerikanischer Juden für jüdische Flüchtlinge aus dem Deutschen Reich" aufgenommen.

Knapp vor Kriegsende wurde der Reichsgau Steiermark noch einmal zum Schauplatz für die Judenvernichtung. Vor der herannahenden Ostfront wurden in Eilmärschen über 10.000 ungarische Juden durch die Ost- und Obersteiermark in Richtung Mauthausen getrieben. Wer die Gewaltmärsche nicht mehr durchstehen konnte, wurde von den Begleitmannschaften erschossen, hingegen ließ die einheimische Bevölkerung den gemarterten Juden immer wieder etwas zu essen oder zu trinken zukommen. Einzel- und kleinere Massengräber ermordeter Juden fanden sich entlang der Wegstrecke. Auch jüdische Arbeiter, die an der ungarischen Grenze zum „Schanzen" für die „Reichsschutzstellung" („Ostwall") gezwungen worden waren, wurden in das Landesinnere gebracht, „wo sie teils aus Erschöpfung und teils durch Erschießen ums Leben gebracht wurden".

Verfolgt, inhaftiert und vielfach ermordet wurden in der Steiermark ebenso:

- Roma und Sinti („Zigeuner"). Allerdings wurden sie zunächst kriminalisiert (Denkschrift zur „Zigeunerfrage" von Portschy) und anschließend über Sammellager, wie Lackenbach, in Konzentrationslager verbracht. Nur wenige überlebten. Von November 1940 bis März 1945 wurden in Lackenbach an die 3.300 Zigeuner, vor allem aus der Steiermark, dem südlichen Burgenland und – in Zusammenarbeit mit den ungarischen Stellen – aus der slowenischen Gemeinde Serdica/Rottenbach im ehemals steirischen, jetzt ungarischen Übermurgebiet eingewiesen.
- Zahlreiche Zeugen Jehovas („Bibelforscher"), die vor allem aus religiösen Gründen den Dienst mit der Waffe in der Deutschen Wehrmacht ablehnten und als „Führer" allein Jesus Christus anerkannten. Es ist bemerkenswert, dass Zeugen Jehovas in Lagern vielfach ohne Bewachung interniert waren, weil die SS wusste, dass sie keinen Fluchtversuch unternahmen. Sie galten allgemein im SS-Jargon als fleißige Arbeitskräfte. Die Frauen der Inhaftierten

wurden nicht selten ebenfalls inhaftiert und kamen meist in das Frauen-KZ Ravensbrück.
- Angehörige ethnisch-slawischer Gruppen, vor allem von Kroaten und Slowenen, die ihr Volkstum weiter pflegten und als „nicht-eindeutschungsfähig" eingestuft wurden. Auf die Verfolgung der zehntausenden Slowenen in der 1941 angeschlossenen Untersteiermark wird hier nicht eingegangen. Vor allem Slowenen im südlichen Grenzgebiet zur Untersteiermark schlossen sich ab 1943 der kommunistischen, von Tito geführten Partisanenbewegung an.
- Angehörige von Verbänden wie des Katholischen Cartellverbandes (CV), der Freimaurer sowie linker Gruppierungen. Unter ihnen waren neben den bereits verhafteten Vertretern des Ständestaates und CV-Mitgliedern wie Gorbach, Stepan oder Trummer.
- Geistig und körperlich behinderte Menschen („unwertes Leben"). Eine große Zahl von ihnen wurde in der Sonderklinik („Feldhof") untergebracht, von wo die meisten zur Tötung nach Schloss Hartheim bei Linz gebracht wurden. Die Selektionen nahmen auch im „Feldhof" Ärzte vor.
- Menschen im Widerstand gegen das NS-Regime, aus religiösen oder ideologischen Gründen.

Widerstand
Bis zum letzten Kriegstag wurden Steirer ihres Glaubens oder ihrer politischen Überzeugung wegen vom NS-Regime verfolgt und ermordet; in Konzentrationslagern, in Gefängnissen, in Hartheim bei Linz, am Feliferhof bei Wetzelsdorf, in Kasernen oder als „Fahnen-

flüchtige" von der Feldgendarmerie, an Ort und Stelle, wo man sie gerade angetroffen hatte.

Und es gab zehntausende Steirerinnen und Steirer, die entschieden „Nein" sagten, die dafür ihr Leben einsetzten und es verloren. Sie standen auf verschiedenen Ebenen und jeder Einzelne war eine Quelle neuen Mutes. Ob Wehrdienstverweigerer wie Josef Ruf und Michael Lerpscher, ob Schauspieler wie Karl Drews, Dichter wie Richard Zach, ob ein Mädchen im illegalen Kurier- und Hilfsdienst wie Gertrude Heinzel, ob Partisan im Raum Leoben wie Max Muchitsch, auf der Glein- und Koralm, Sammler der „Roten Gewerkschaft" in Betrieben für Hinterbliebene von Verhafteten (wie die Familien Geschwinder und Poketz), ob katholischer Priester wie Dalla Rosa oder Widerständler in Polizeiuniform. Selbst eine Büroleiterin in Uiberreithers Behörde, Julia Pongračič, wurde noch wenige Tage vor dem Ende des NS-Regimes wegen angeblicher Verbindung zu Tito-Partisanen hingerichtet. Über 15.000 Steirer waren im Widerstand, tausende von ihnen wurden verhaftet, hunderte nach scheinlegalen Gerichtsverfahren oder im KZ ermordet. Ihr Bekenntnis als Fundament des neuen Österreich zu würdigen, heißt gleichzeitig aber auch, über jenen den Stab nicht zu brechen, die den Mut zum Widerstand nicht hatten.

Mit militärischen Mitteln wurde der Widerstand vor allem ab 1942/43 im Raume Leoben-Donawitz-Eisenerz, Hieflau, Trofaiach und Judenburg durch die Partisanengruppen „Leoben-Donawitz" und „Steiermark", in der Weststeiermark und auf den Almen zu Kärnten durch die Koralmpartisanen und die „Kampfgruppe Steiermark", teilweise mit Verbindungen zu den Tito-Partisanen und zu deren österreichischen Einheiten durchgeführt. Anfang November 1943 gründeten linke Widerständler aus der Steiermark und Kärnten in der Flaschenschenke der Familie Edlinger bei Trofaiach die „Österreichische Freiheitsfront" als übergeordnete Organisation zum bewaffneten Kampf gegen das NS-System. Ihre Programmatik trug deutlich den Stempel der Kommunisten. Entsprechende Plakate und Flugblätter wurden unter die Bevölkerung des Gebietes gebracht und Zwangsarbeiter aus dem Trofaiacher Stalag angeworben.

Die Steiermark hatte eine der höchsten Mitgliedsraten der NSDAP, war gleichzeitig aber auch ein österreichisches Zentrum des Widerstands gegen den Nationalsozialismus, gespeist aus der starken Arbeiterbewegung in den Industriebezirken der Obersteiermark und in Graz, der traditionell katholischen Ost- und Weststeiermark sowie aus der Künstler- und Intellektuellenszene von Graz. Bei einem steirischen Bevölkerungsanteil innerhalb Österreichs von rund 15 Prozent, lebten rund 13 Prozent der erfassten österreichischen Widerständler in der Steiermark, von den erfassbaren Kommunisten waren fast 23 Prozent Steirer – nach Wien die zweithöchste Rate in Österreich. Die anderen Gruppen wie „Revolutionäre Sozialisten", Legitimisten, Traditionalisten und „Altösterreicher" waren zahlenmäßig viel kleiner. Die bedeutendste ideologische Richtung des steirischen Widerstandes war links, kommunistisch und sozialistisch. Dazu kam der starke Widerstand aus dem katholischen Lager. Während der linke Widerstand im Lande seine organisatorischen Netze schon seit 1934 aufgezogen hatte, hatte sich der katholische Widerstand nach 1938, teilweise gegen die eigene Kirchenführung, erst finden müssen.

In Graz etwa versammelten sich katholische, junge Widerständler vor allem um die Barbarakapelle im

Dom, um die Josefs-, Stadtpfarr- und Franziskanerkirche. Dutzende steirische Priester standen für ihren Glauben mit ihrem Leben ein: die Franziskanerpater Johannes Kapistran (Wilhelm) Pieller und Angelus (Eduard) Steinwender, der Marienbruder Jakob (Georg) Gapp, Pfarrer Heinrich Dalla Rosa, Maximilian Josef Metzger, Kaplan Johann Pfeiler, die zwei Laienbrüder Josef Ruf und Michael Lerpscher. Zahlenmäßig zwar klein, doch präsent war der Widerstand der steirischen Zeugen Jehovas („Bibelforscher"), über 20 von ihnen wurden hingerichtet.

Der Staat der Lager
In der Steiermark waren ab 1941 sieben Nebenlager des österreichischen KZ-Hauptlagers in Mauthausen errichtet worden: die Lager Schloss Lind und St. Lambrecht (Frauen und Männer), zuerst als Nebenlager von Dachau und Ravensbrück (Frauen), Aflenz bei Leibnitz, Peggau, Bretstein und Eisenerz. Dazu kamen zahlreiche Außenposten und Arbeitskommandos der Lager, gegen Kriegsende auch ein Außenposten des Frauen-KZ Ravensbrück im Schloss Lannach, wo neun Zeuginnen Jehovas, die man 1944 hierher gebracht hatte, in der eingerichteten Gärtnerei für pflanzengenetische Versuche der SS arbeiteten. Firmen wie die Alpine-Montan oder Steyr-Daimler-Puch und SS-Unternehmungen beschäftigten KZ-Häftlinge, die schwerste körperliche Arbeit verrichteten, billig und rechtlos waren. Knapp vor Kriegsende wurden die meisten Lager evakuiert und die Häftlinge in Richtung Ennstal und Mauthausen getrieben. Marschunfähige und kranke Häftlinge erschoss man vielfach noch vor dem Abmarsch oder während der anstrengenden Märsche.

Die rund 140.000 Kriegsgefangenen und Zwangsarbeiter (Steiermark und Kärnten) wurden, sofern sie nicht bei Bauern untergebracht waren, in eigenen Lagern interniert. Die Zuteilung von Kriegsgefangenen für die Steiermark lief anfänglich v.a. über das Stammlager XVII A in Kaisersteinbruch und das Oflag XVIII B in Wolfsberg/Kärnten. Ab 1941/42 übernahmen auch steirische Lager die Verteilerfunktionen, darunter das Lager in Wagna (Stammlager XVIII B). In Graz hatte man auch ein Reservelazarett für Kriegsgefangene eingerichtet. Die Zwangsarbeiter wurden, meist per Anforderung der Arbeitsämter an die zahlreichen Zwangsarbeiter-Lager, in der Landwirtschaft und in der Industrie eingesetzt. Vor allem die wichtigsten Rüstungsbetriebe hatten Lager für Zwangsarbeiter (meist als „Ausländerlager" bezeichnet) eingerichtet. So die Puchwerke, Böhler, die Alpine oder Treiber.

Die Unterbringung der ausländischen Arbeitskräfte erfolgte vielfach gemeinsam in Holzbaracken, was nicht den NS-Rassen-Vorstellungen entsprach. So waren im Zeltweger „Ostarbeiterlager" nur 25 Arbeiter aus der Sowjetunion, jedoch 48 aus Frankreich untergebracht; im Gemeinschaftslager fanden sich vor allem Polen und Slowaken, in der 50-Mann-Baracke vor allem Ungarn.

Durch die planmäßig durchgeführten NS-Umsiedlungen von „Volksdeutschen" aus Ost-Mitteleuropa und aus Südtirol kamen zusätzlich zehntausende Neusiedler in die Steiermark. Meist konnte man sie in eigenen Lagern oder in bestehenden Objekten, Klöstern, Schlössern, Kurhäusern, Villen oder Gutsbetrieben unterbringen. Für Südtiroler wurden in vielen Orten zudem eigene Siedlungen errichtet. Allein für die tausenden „Volksdeutschen" aus Ost-Mitteleuropa hatte man ab 1940 insgesamt 36 Lager eingerichtet.

Wirtschaft

Lange vor dem politischen „Anschluss" Österreichs hatten deutsche Wirtschaftsplaner ihre Fühler nach Österreich ausgestreckt. Die Ressourcen Österreichs sollten die deutsche Kriegswirtschaft für ein halbes Jahr tragen. Die Steiermark spielte dabei eine erstrangige Rolle: Landwirtschaftliche Überschüsse, Eisen, Stahl, Magnesit, Wasserkräfte, eine starke, vielfach total unterbeschäftigte Industrie im Maschinen- und Fahrzeugbau, und die Landbrücke nach dem Südosten Europas, weil das „Dritte Reich" an die Mittelosteuropa-Konzepte des Kaiserreichs und die deutschen Ziele im Ersten Weltkrieg anschloss. Bereits 1937 hatte man die Edelstahlproduktion und die Alpine Montan in den deutschen Vierjahresplan integriert. An erster Stelle der NS-Wirtschaftspolitik stand 1938 die Beseitigung der Arbeitslosigkeit, was im Wesentlichen durch die Steigerung des regionalen Wirtschaftswachstums um 20 bis 30 Prozent in wichtigen Sparten in den Jahren 1938/39 auch gelang. Ausschlaggebend dafür war ein Paket von Maßnahmen wie der Abzug zehntausender Facharbeiter in das „Altreich", die Einberufungen zu Wehrmacht und RAD, der Straßen-, Wohn- und Kasernenbau sowie die Zuteilung großer Aufträge für die Industrie, v.a. im Bereich der Rüstung.

Kriegswirtschaft

Mit Kriegsbeginn 1939 waren die gesamte gewerbliche Wirtschaft des Landes und die Landwirtschaft zur gelenkten Kriegswirtschaft geworden. Mit Planvorgaben, Bezugs- und Ablieferungsrichtlinien, Prioritätenreihungen bei der Energieversorgung, den Kreditvergaben und der Zuteilung von Arbeitskräften. Organisatorisch wurde das gesamte steirische Gewerbe zunächst in die Industrie- und Handelskammer sowie in eine neue Handwerkskammer, beide innerhalb der „Wirtschaftskammer Südmark", ab 1943 in der eigenständigen „Gauwirtschaftskammer Steiermark" eingebettet. Die Landwirtschaft hatte in der „Landesbauernschaft Südmark" und in den Kreisbauernschaften, also im „Reichsnährstand", ihre Interessensvertretungen. Die zu Rüstungsbetrieben erklärten Unternehmen kamen zusätzlich unter die Rüstungs-Dienststellen.

Insgesamt standen im Reichsgau Steiermark und in der angeschlossenen Untersteiermark im vorletzten Kriegsjahr rund 500.000 Menschen in einem Arbeitsverhältnis. Davon knapp die Hälfte in der Land- und Forstwirtschaft, etwas mehr als ein Viertel in Gewerbe, Industrie und im Dienstleistungssektor sowie ein Viertel in der Rüstungs- und Zulieferindustrie. Ein zunehmend großer Teil von ihnen waren bereits ausländische Zwangsarbeiter und Kriegsgefangene sowie KZ-Häftlinge.

„Nahrung ist Waffe"
Die steirische Landwirtschaft war für die Nationalsozialisten 1938 ein politischer Kampfplatz. Denn große Teile der bäuerlichen Bevölkerung, vor allem der Ost- und Südsteiermark, waren traditionell der katholischen Kirche und der Christlichsozialen Partei verbunden. Diese Schichten sollten nun für die NS-Ideologie gewonnen werden. Daher wurden den Bauern sofort nach dem „Anschluss" großzügige Förderungen und Ankaufaktionen gewährt.

Der „Reichsnährstand" als Zwangsorganisation für alle, die Ernährungsaufgaben zu erfüllen hatten (vom

Bauern bis zum Händler) übernahm die politische Vertretung der Landwirtschaft, einschließlich aller Genossenschaften, des Landhandels und der Verarbeitung von Agrarprodukten. Der „Reichsnährstand" organisierte zusätzlich die bäuerliche Brauchtumspflege, trug die antisemitische „Blut-und-Boden"-Ideologie in Veranstaltungen und die landwirtschaftlichen Zeitungen auf die entlegenen Höfe und war auf regionaler Ebene in der „Landesbauernschaft Südmark" (für Steiermark, Kärnten, Osttirol und das südliche Burgenland) mit dem Sitz in Graz zusammengefasst. „Landesbauernführer" wurde der Obersteirer Sepp Hainzl.

Ausfluss der „Blut-und-Boden"-Ideologie war etwa das „Reichserbhofgesetz" von 1933, das mit 1. August in Österreich in Kraft trat. Es sollte den bäuerlichen Besitz vor einer Überschuldung und Zersplitterung bewahren und den noch im Anerbenrecht vererbten, unteilbaren, vor Zwangsversteigerungen geschützten und unveräußerbaren „Erbhof" schaffen. Der „Erbhof" musste zwischen 7,47 und 125 Hektar oder mindestens eine „Ackernahrung" groß sein und eine achtköpfige Familie ernähren können. Der Hof galt als „Erbhof", wenn er von Amts wegen in die Erbhöferolle eingetragen worden war. „Bauer", also Eigentümer eines Erbhofes, konnte bis 1943 nur ein Mann sein, der „deutscher Staatsbürger, deutschen oder stammesgleichen Blutes und ehrbar" war, ab 1943 kriegsbedingt auch eine Frau. Die anderen landwirtschaftlichen Besitzer blieben „Landwirte".

Entscheidend für die Agrarpolitik der Nationalsozialisten wurde jedoch die Umschuldung der großteils hoch verschuldeten steirischen Landwirtschaften, propagandistisch geschickt als „Entschuldung" bezeichnet. Sie bestand aus zwei Teilen: Den Aufbaumaßnahmen (zweckgebundene Kredite für Gebäudeinstandsetzungen, Einstellung von Vieh oder landwirtschaftlichen Maschinen) und der eigentlichen Umschuldung, die eine Verlagerung der Schulden von kurzfristigen, hoch verzinsten Verbindlichkeiten auf langfristige, niedrig verzinste bedeutete. Von den rund 101.000 umgeschuldeten österreichischen Bauernhöfen, lagen 28.264 in der Steiermark. 1939 waren bereits 90 Prozent von ihnen umgeschuldet. Die letzten Kredite der Aktion wurden erst in den neunziger Jahren, also 60 Jahre später, getilgt. Es gab in der Steiermark nahezu kein Dorf, in dem nicht zumindest ein bäuerlicher Besitz auf diese Weise vor der sicher scheinenden Versteigerung bewahrt worden wäre.

Dennoch blieben entscheidende Strukturprobleme der steirischen Landwirtschaft weiter bestehen: Die Landflucht, die kaum überlebensfähigen Kleinwirtschaften und die Abnahme landwirtschaftlich genutzter Flächen, was einen drastischen Rückgang bei Futtergetreide bedeutete. Dazu kam der Rückgang der Hektarerträge und der durchschnittlichen Milchleistung pro Kuh. Dennoch sicherten die Bezugsscheine (Lebensmittelkarten) der Bevölkerung noch eine Grundversorgung, so dass es bis Kriegsende zu keinen schwerwiegenden Versorgungsengpässen kam.

Steirische Rüstungsschmieden

Große Teile der steirischen Industrie wurden 1938 sofort in die deutsche Rüstung einbezogen. In einem wahren Wettrennen versuchten die Wehrmachtsteile Heer, Luftwaffe und Marine für ihren Bereich möglichst wichtige Produktionsstätten zu sichern, wobei die Luftwaffe besonders erfolgreich war und sich High-

Sigfrid Uiberreither (links) mit Hermann Göring
und Hans Malzacher (Mitte) im Böhlerwerk Kapfenberg 1943.

Tech-Endfertiger sichern konnte: Assmann in Leibnitz, Lübold in Wildon, Mörth, Steirer-Elektrobau, Steirerfunk, Treiber und Vaemag in Graz. In anderen Großbetrieben wie Steyr-Daimler-Puch, Böhler, Schoeller-Bleckmann oder der Alpine war das Heer zwar schneller, dennoch sicherte sich die Luftwaffe auch dort noch bedeutende Fertigungskapazitäten. Für die Marine arbeiteten vor allem die Elin in Weiz, die Simmering-Graz-Pauker in Graz und die Maschinenfabrik Andritz. Das Heer hatte sich die Großbetriebe der Stahl- und Metallindustrie gesichert.

Produktionskapazitäten wurden mit Wehrmachtsaufträgen, organisiert über die Wehrwirtschaftsstelle Graz (ab November 1939 Rüstungskommando) belegt. Die Aufträge der Rüstungsdienststellen des OKW und des Reichsministeriums für Bewaffnung und Munition brachten den Betrieben Kapital, Investitionsmöglichkeiten, Kredite und Gewinne. Gleichzeitig verringerten sie bis zum Winter 1938/39 die Arbeitslosigkeit im Lande auf ein Minimum.

Die „Betriebsführer" der steirischen Rüstungsbetriebe unterstanden ab 1943 ausschließlich dem neu ernannten „Rüstungsminister" Albert Speer bzw. seinem Stellvertreter im großen Rüstungsbezirk „Südost", Hans Malzacher, dessen Bevollmächtigten im Unterbezirk „Donau-Drau", Böhler-Generaldirektor Franz Leitner. Die Betriebe konnten erstmals über den Einsatz ihrer vollen Kapazitäten entscheiden. Zusätzlich hatte ab Juli 1944 Uiberreither als Reichsverteidigungskommissar sowohl die Rüstungsstellen, als auch General Julius Ringel als Oberbefehlshaber des Wehrkreises XVIII bei der zivilen Verwaltung und Wirtschaft zu befehligen.

Insgesamt wurden bis Kriegsende von den 2.435 steirischen Betrieben der „Reichsgruppe Industrie" des Jahres 1944 82 Firmen zu Rüstungsbetrieben erklärt und über 100 Betriebe in Wehrmachtslieferungen eingeschaltet. Die steirische Rüstung beschäftigte am Höhepunkt der Rüstung, 1944, mit 61.952 Menschen jeden sechsten Rüstungsarbeiter auf österreichischem Gebiet, sowie die Beschäftigten der Zulieferbetriebe, insgesamt also rund 100.000 Menschen (rund 16 Prozent der Beschäftigten). Über ein Drittel waren KZ-Häftlinge, Zwangsarbeiter und Kriegsgefangene, vor allem beim Bau von Anlagen und bei Hilfsdiensten.

Im Winter 1944/45 kam der Rückschlag in der Rüstung, vor allem wegen des Zusammenbruchs in der Energie- und Treibstofferzeugung durch die sukzessive Zerschlagung des Eisenbahnnetzes, der großen Produktionsstätten und der Infrastruktur durch die fortwährenden Bombardements von Briten und Amerikanern.

Als die Alliierten 1945 die Reichsgrenzen bereits überschritten hatten, erhielten in den letzten Kriegsmonaten die noch nicht besetzten steirischen Rüstungsbetriebe größere Bedeutung für die Rüstung des Reiches. Die Maschinenfabrik in Andritz gehörte zu den 15 wichtigsten Firmen des Reiches zur Erzeugung von Laufkranen, St. Marein, Donawitz und Kapfenberg zählten zu den Engpasswerken der Stahlindustrie. Nach der Munitionsplanung des Reiches vom 1. Februar 1945 sollten von den insgesamt 95.000 Tonnen Granatstahl Donawitz 10.000 und die Linzer Hütte 5.000 Tonnen liefern. Die Steirischen Gussstahlwerke in Judenburg und Böhler in Kapfenberg lieferten fünf Prozent des Stahls für die 3,7–17-cm-Panzergranaten. Ähnliche Anteile hatten die steirischen Stahlfirmen bei den Artillerieronden, den Infanterie- und Geschützplatinen.

Gesellschaft und Kultur

Der Nationalsozialismus versuchte eine gesellschaftliche Revolution und propagierte die „Volksgemeinschaft" als neue soziale Wirklichkeit. Der gleichzeitige Kampf um Gleichberechtigung sollte nicht die herrschende gesellschaftliche Rangordnung als Funktion von Ausbildung und Beruf, sondern das Selbstbild, den Status, die Werte und die Geisteshaltung ändern. Der Unternehmer sollte Unternehmer bleiben und der Arbeiter ein Arbeiter. Doch sollten dies bloße Berufsbezeichnung sein und nichts weiter. Den grundsätzlichen Status bestimmte einzig, ob man Glied des deutschen Volkskörpers, der arischen „Rasse", war; nicht Klasse, Bildung oder Beruf.

Die neue Elite sollte rassisch geprägt sein und in der „Volksgemeinschaft" alle gesellschaftlichen Unterschiede aufgehoben werden. Bürger des Staates konnten nur noch „Volksgenossen" sein. Alle „Volksgenossen" und jeder Einzelne sollten von einem dichten Netz von NS-Organisationen, von Gliederungen, angeschlossen in Verbänden und Vereinen „betreut" werden. Von den „NSV-"Mutter-Kind-Heimen" über die Hitlerjugend, den RAD und die berufsständischen Verbände (wie DAF oder „Reichsnährstand") bis zur organisierten Freizeit in „Kraft durch Freude" (KdF). Es blieb dem „Volksgenossen" eigentlich kein freier Bereich des Lebens mehr. Das Ziel formulierte Hitler 1936: „Und sie werden nicht mehr frei ihr ganzes Leben lang!"

Ausgeschlossen aus dieser „Volksgemeinschaft" war jener Teil der Gesellschaft, der nach der NS-Rassenlehre und Ideologie nicht arisch war oder als Gegner klassifiziert wurde: Juden, Slawen, Roma, Sinti, Zeugen Jehovas, Jesuiten, Cartellbrüder (CV), Freimaurer, geistig behinderte Menschen. Hinter der Fassade der „Volksgemeinschaft" verbarg sich die tiefste, bewusst herbei geführte Spaltung der steirischen Gesellschaft, die sie je erlebt hatte. So wurden Vergehen gegen die „Betriebsgemeinschaft" als Kern der neuen Ordnung im Rahmen der „Sozialen Ehrengerichtsbarkeit" geahndet, weil Arbeitspflicht als „Ehrendienst" aufgefasst wurde. Auch sollte es wieder eine „Ehre" werden, ein

Die während der NS-Zeit hingerichteten Judenburger
Widerstandskämpfer und das Fallbeil im Grazer Landesgericht.

Handwerk zu erlernen. „Bauer" wurde überhaupt ein
NS-Ehrentitel, ebenso wie „Mutter" („Mutterkreuz").

Kern der gesellschaftlichen Veränderungen war
neben der Rassen-, die NS-Sozialpolitik. An sie knüpften viele Steirer ihre Erwartungen für eine persönliche Besserstellung und Verbesserung der Lebens- und Arbeitsbedingungen. Sie waren noch jahrzehntelang die sogenannte „gute Nachrede" des NS-Systems: Die Beseitigung der Arbeitslosigkeit, der soziale Wohnbau, die betriebliche Sozialpolitik, die Dienstpflicht

für Männer und Frauen im RAD, später auch in den Flakstellungen.

Um die Einberufungen zur Wehrmacht auszugleichen und die Gefallenen zu ersetzen, spielten die rund 140.000 ausländischen Zwangsarbeiter und Kriegsgefangenen in der steirischen Kriegswirtschaft eine zunehmend wichtigere, gegen Kriegsende sogar entscheidende Rolle. Unter ihnen dominierten Sowjetbürger, Polen, Franzosen und Italiener. Anfänglich waren sie noch freiwillig zur Arbeit ins Deutsche Reich gekommen, ab Kriegsbeginn 1939 wurden sie zunehmend zwangsweise hierher verbracht. Ende August 1944 war fast jeder zweite Arbeiter in der steirischen Rüstung ein Ausländer. In Rüstungsbetrieben wurden die Einrückungen fast zur Hälfte mit Ausländern ausgeglichen, in der Landwirtschaft zu einem großen Teil, vor allem mit „Ostarbeitern". Dazu kamen Häftlinge der sieben steirischen KZ-Nebenlager und zahlreichen KZ-Außenkommandos.

„Der steirische Weg der Betreuung des Volkes"
Die nationalsozialistische Kulturpolitik in der Steiermark hob sich markant von der in anderen österreichischen Ländern ab. Sie war vor allem bestimmt von der geographischen Lage des Landes an der südöstlichen Grenze des „Dritten Reiches" und hatte mit Josef Papesch einen Mann an der Spitze, der selbst aus der Grenzlandarbeit der „Südmark" gekommen war und versuchte, die steirischen Traditionen eigenständig zu erhalten, sie jedoch als nationalsozialistisch zu artikulieren, austauschbar zu machen. Das „steirische Grün" sollte das „Braun der Nationalsozialisten" sein.

Unter den obersten Zielen, NS-deutsche „Grenzland"-Kulturpolitik zu machen, diese aus der Abhängigkeit von Berlin zu lösen und als betont steirisch zu formulieren, artikulierte sich die NS-Kulturpolitik, oft in alter „Südmark"- und „Heimatschutz"-Tradition vor allem in den Schulen als einem der wichtigsten Sozialisationsfaktoren (die Lehrer als berufene Kulturpfleger), beim Ausbau der Grenzland-Schulen, bei der besonderen materiellen Förderung der Lehrer im Grenzland, bei kulturellen Brauchtumsveranstaltungen, bei der Förderung der Musikpflege auf breiter Basis, bei der inhaltlichen Orientierung an „großen" Steirern wie Erzherzog Johann oder Rosegger und ihrer Vereinnahmung für kulturpolitische Zwecke, in der Ortsbildpflege, in der Aufwertung der ideologischen Steirertracht, der Förderung des steirischen Bauens, der Begabtenförderung, in der Abwertung slawischer Traditionen sowie in der Negierung und Verfolgung jüdisch geprägter Kulturimpulse, der Avantgarde und der als „entartet" gekennzeichneten Kunst.

Steirische Kultur sollte nationalsozialistische Kultur, maßgeschneidert für die Provinz sein. Organisatorisch war die Kultur in der NSDAP und in der „Reichskulturkammer" (RKK), beides unter Gustav Fischer, sowie in der Behörde des Reichsstatthalters unter Papesch organisiert. Die Mitgliedschaft in der RKK unter ihrem Präsidenten, Propagandaminister Goebbels, war für die Künstler nicht nur Pflicht. Sie allein gab ihnen das Recht und die Möglichkeit zur Berufsausübung. Ausschlüsse kamen einem Berufsverbot gleich. Weitere Organisationszentren waren das „Steirische Musikschulwerk" unter Felix Oberborbeck, der „Musikverein für Steiermark" unter Papesch, der

Ein „Volkswagen" von Ferdinand Porsche im Grazer Burghof. Monatlich sollten die Steirer 20 RM bei der DAF einlegen, um sich den Traum eines eigenen Autos zu erfüllen. Bis Kriegsende wurde jedoch kein einziger „KdF"-Wagen, wie er in der NS-Propaganda hieß, an einen Steirer ausgeliefert.

„Steirische Sängerbund", das „Gauorchester" oder der „RAD-Musikzug".

Mit seiner betont steirischen Eigenständigkeit hatte Papesch jedoch innerhalb der NS-Bewegung erbitterte Gegner, die sich um Fischer und Uiberreither gruppierten. Sie wollten das traditionell „Steirische" eliminieren und verstanden NS-Kulturpolitik als zentral von Berlin und vom Reich vorgegeben. Letztlich setzte sich jedoch Papesch gegen beide durch. Er hatte nichts mehr zu verlieren. Papesch hatte erfahren, dass seine eigene Tochter im NS- Euthanasieprogramm ermordet wurde. Aus Protest trat er aus der SS aus. Ein einzigartiger Vorgang im „Dritten Reich".

Die NS-Kulturpolitik hatte sich tatsächlich ein breites Wirkungsfeld gesichert. Von Vereinsauflösungen bis zur Schaffung von Einrichtungen, die teilweise auch in den folgenden Nachkriegsjahrzehnten ein fester Bestandteil des kulturellen Lebens in der Steiermark waren: Das Steirische Musikschulwerk, die Musikschulen in jedem Bezirk, der Ankauf von Schloss und Park Eggenberg, die Neugründung der Hochschule für Musikerziehung, des Steirischen Landestheaters, der „Neuen Galerie", die Schaffung eines Grundstocks an „Volksbildnern" und „Kulturpflegerinnen", die besondere Betreuung der Grenz- und Einschichtschullehrer, die Einrichtung zahlreicher Schülerheime oder die neu eingeführte Begabtenförderung zum Besuch weiterführender Schulen für 1.600 begabte steirische Kinder. Insgesamt erhielten rund 1.600 steirische Schüler und Studenten die NS-Begabtenförderung.

Daneben wurde die Kenntnis der NS-Lieder, die teilweise auch allgemein bekannte Volkslieder waren, vor allem in der HJ sowie in den Volks- und Hauptschulen grundgelegt. Papesch: „Kein politisch-intellektueller Druck, sondern Heimatwerte, die allen lieb und teuer sind". In der Literatur, Musik, im Theater oder in der bildenden Kunst. Nur einige Künstler wagten es, sich dem Mainstream entgegen zu stellen, unter ihnen der Schriftsteller Richard Zach oder der Architekt Herbert Eichholzer.

Kirchen

Zu den Religionsgemeinschaften und Kirchen hatte der Nationalsozialismus eine ambivalente Haltung. Grundsätzlich waren sie ein Hauptgegner der NS-Ideologie, galten als Hort des Klerikalismus, der Verkommenheit und des Überkommenen, andererseits setzten die Nationalsozialisten bei der Inszenierung ihrer Herrschaft auf starke, ursprünglich religiöse und kirchliche Rituale: „Lichterdome" am Reichsparteitag in Nürnberg, „Weihestunden" für Fahnen und Organisationen. Dazu war, besonders auch in der Steiermark, die Mehrzahl der NS-Anhänger katholisch oder protestantisch erzogen worden. So stellten die Kirchen einen Machtfaktor dar. Die „Anschluss"-Volksabstimmung 1938 bestritt man unter propagandistischer Mithilfe der österreichischen Bischöfe.

Die strikte Trennung von Kirche und Staat und die Einführung der Zivilehe anstelle der im Ständestaat zwingend vorgeschriebenen kirchlichen Trauung waren vielfach gutgeheißene Maßnahmen. Die Einführung des Kirchenbeitrages 1938 sollte die starke Katholische Kirche gefügig machen. Gauleiter Uiberreither, dessen Mutter eine überzeugte Katholikin war, wurde in Salzburg katholisch-großdeutsch erzogen, und konvertierte als Student zur evangelischen Kirche, ehe er sich mit dem Beginn seiner politischen Tätigkeit 1937 auch gegen die Kirchen wendete. Später, nach dem Krieg in Deutschland, sang er allerdings wieder im Kirchenchor. Neben der Verfolgung von Priestern, Mönchen, Nonnen oder Laienbrüdern, setzte das NS-Regime vor allem auf eine starke Austrittspropaganda.

Die Katholische Kirche des Landes mit ihren rund einer Million Mitgliedern war seit 1938 ein erstes ideologisches Angriffsziel der Nationalsozialisten. Konkret wurden alle katholischen Privatschulen geschlossen, der Klosterbesitz enteignet, der „Kirchenbeitrag" per Gesetz eingeführt, Kirchenaustritte indirekt gefördert, die Seelsorge beschränkt, die Theologische Fakultät geschlossen sowie Priester diffamiert und inhaftiert. Die vielen Abmeldungen vom Religionsunterricht in den Grazer Mittelschulen zeigten die Wirkung der NS-Propaganda. Sie lagen zwischen 82 Prozent (Arbeitermittelschule, Lichtenfelsgasse) und 13 Prozent im Staatsgymnasium (früher Akademisches Gymnasium), wohin auch Schüler des Bischöflichen Gymnasiums gekommen waren.

Damit sollte die Katholische Kirche aus dem öffentlichen Leben gedrängt, die seelsorglichen Aufgaben der Priesterschaft mindestens auf den Kirchenraum und das Pfarramt beschränkt, die kirchliche Jugendarbeit durch die HJ übernommen und eine areligiöse Jugend herangebildet werden. In den größeren Klöstern wurden NS-Organisationen eingerichtet: Nach Seckau und Vorau kamen „Nationalpolitische Erziehungsanstalten" („Napola"). In Vorau demonstrierten an die 3.000 Menschen gegen die Auflösung des Stiftes. Vergeblich. Doch Pläne, die barocke Stiftskirche in eine „Schwimm- und Sporthalle" umzufunktionieren, vereitelte „Gaukonservator" Walter von Semetkowski, vermutlich mit Unterstützung Uiberreithers. Nach Stift Rein kam ein Volkskunde- und Jagdmuseum, St. Lambrecht und Admont wurden SS-Erholungsstätten, in St. Lambrecht zudem ein KZ-Nebenlager, in Admont eine „Oberschule für Jungen" eingerichtet.

Die hohe Zahl an Kirchenaustritten, die höchste Rate nach Wien, zeigt, dass der Nationalsozialismus in der Steiermark anfänglich große Erfolge verbuchen konnte. In Graz 11 Prozent im Jahre 1939. Bis 1945 sanken die Kirchenaustritte, die auch andere Religionsgemeinschaften ebenso betroffen hatten, gegen Null. Im Gegenteil: Es überwogen wieder bei weitem die Kircheneintritte.

Die „Anschluss"-Begeisterung war besonders auch unter den steirischen Protestanten groß, allen voran

Pfarrer Friedrich Ulrich in Graz. Schon 1938 hatten sich die evangelischen Pfarrgemeinden im vorauseilenden Gehorsam von ihren konfessionellen Schulen getrennt und diese dem Staat übergeben. In den Schulräumen der evangelischen Schulen in Graz-Heilandskirche wurden NS-Organisationen untergebracht, die „Grazer Kreuzfahrer" wurden im Wesentlichen in die HJ eingegliedert, der Religionsunterricht in einen Konfessionsunterricht als unverbindliches Freifach umgewandelt, von dem sich 1938/39 etwa 1.000 Schüler abgemeldet hatten. Obwohl Uiberreither 1941 per Erlass den Konfirmandenunterricht und Bibelstunden, sowie die Glaubensunterweisung in privaten oder kirchlichen Räumen gestattete, erreichte die Kirche damit nur noch ein Drittel der schulpflichtigen Kinder. Bis Mitte Juni 1939 traten 3.027 steirische Protestanten aus ihrer Kirche aus, bis 1944 waren es insgesamt 3.316. Auch in der Evangelischen Kirche überwogen gegen Kriegsende wieder die Eintritte.

Graz galt als Mutterpfarre der österreichischen Altkatholiken. Seit 1929 gehörten auch die südburgenländischen Pfarren dazu, bis 1931 auch die Klagenfurter Altkatholiken. Dennoch hatte der Nationalsozialismus unter den steirischen Altkatholiken besonderen Zuspruch. Über zwei Drittel der Mitglieder trat bereits im Jahr 1938 aus der Altkatholischen Kirche der Steiermark aus, mehr als in jeder anderen Religionsgemeinschaft. Das NS-System „honorierte" dies und sah von einer Verfolgung der Altkatholiken weitgehend ab.

Wissenschaft: Eliminierung der Nobelpreisträger und angewandte NS-Forschung

Die drei steirischen Hochschulen, Studenten wie Lehrende, hatten in der Mehrzahl die „Anschluss"-Bewegung in der Steiermark wesentlich mitgetragen. In einzelnen Fächern, wie der Eugenik, Germanistik oder Geschichte, wurden seit Jahren Theorien entwickelt, die von den Nationalsozialisten übernommen und als NS-Ideologie ausgegeben werden konnten. Der großen Mehrzahl an NS-Sympathisanten, „März-Veilchen" und illegalen NSDAP-Mitgliedern stand an den Hochschulen nur eine kleine, gefährdete Minderheit gegenüber, zu der Juden, prononcierte Katholiken, ehemalige Inhaber öffentlicher Ämter und ganz allgemein politisch Unzuverlässige zählten. Einige, wie Otto Loewi, wurden sofort verhaftet, andere, wie Nobelpreisträger Erwin Schrödinger, nützte man aus und entließ sie trotz ihres „Bekenntnisses zum Führer".

Die Gleichschaltung der Hochschulen, der Lehrenden und Studenten, ging schnell und geschah von innen. Die Entlassungen aus „rassischen" oder politischen Gründen betrafen vor allem die Grazer Universität, hier waren sie stärker, als an den anderen österreichischen Hochschulen, mit Ausnahme der Universität Wien. An der Universität Graz wurden aus der Juridischen Fakultät 36,8 Prozent, aus der Medizinischen 18 Prozent und aus der Philosophischen Fakultät 12,7 Prozent entlassen. Die Theologische Fakultät wurde 1939 gänzlich geschlossen, nur drei ihrer Angehörigen wurden in Wien weiterverwendet und Johannes Ude, der offen für den „Anschluss" geworben hatte, durfte weiter lehren, ehe auch er – nach seiner öffentlichen Kritik an der Reichspogromnacht – von Uiberreither des Gaues verwiesen wurde.

Generell wollte das NS-System die Bedeutung Wiens als Hochschulstadt verringern und langfristig in der „Ostmark" drei ungefähr gleich große Universitäten installieren: Wien, Graz und Innsbruck. Graz sollte als Hochschulstandort eine besondere Bedeutung für Südosteuropa zukommen.

Obwohl die Hörerzahlen an den steirischen Hochschulen sanken, nahm die Zahl der Studentinnen, entgegen den Maximen der NS-Ideologie, zu. An der Juridischen Fakultät nahm gerade in der NS-Zeit die erste Frau ihre Lehrtätigkeit auf: Stella Seeberg, die ihre Lehrbefugnis an der Universität Berlin 1939 erworben hatte.

Vordringlich war die angewandte Forschung für die Rüstung und Kriegswirtschaft, wie die Suche nach Rohstoffen, vor allem nach Erdöl, oder die Lagerstättenforschung von Karl Metz, die er von Leoben aus betrieben hatte. Armin Dadieu experimentierte an der Technik mit schwerem Wasserstoff, der Slawist Josef Matl beschäftigte sich, vermutlich auch im Rahmen von SS-Stellen, mit dem Balkan. 1944 begann man wegen der Luftgefahr, Institute und wissenschaftliche Einrichtungen, doch auch Patienten der Universitätskliniken nach Knittelfeld zu verlagern.

Die letzten Monate des Krieges prägten „Auflösungserscheinungen". Universitätsangehörige wurden zum „Volkssturm" einberufen, Studentinnen ab Jänner 1945 als Wehrmachtshelferinnen dienstverpflichtet. Anfang Mai 1945 waren die steirischen Hochschulen fast vollständig verlassen. An der Universität Graz blieb lediglich der kurz zuvor als Nachfolger von Karl Polheim bestellte, neue Rektor Anton Hafferl auf seinem Posten.

Zeitungen, Radio und Film:
Trompeten der NS-Propaganda

Die NS-Politik beherrschte die Medien von Beginn an und machte sie zu Werkzeugen ihrer Propaganda. Radio, Film und Zeitungen spielten damit eine entscheidende Rolle in der Herrschaftssicherung des Nationalsozialismus. Sie waren sofort nach dem „Anschluss" gleichgeschaltet, ihre Vertreter in die entsprechenden NS-Organisationen integriert worden.

Mit dem Schriftleitergesetz wurde der Beruf des Journalisten zur „öffentlichen" Aufgabe erklärt und kam einer beamtenähnlichen Stellung nahe. Voraussetzungen: Politische Zuverlässigkeit, arische Abstammung, keine Ehegemeinschaft mit Juden, fachmännische Ausbildung. Bis Mitte 1938 wurden alle Journalisten im „Landesverband Ostmark des Reichsverbandes der deutschen Presse" erfasst, eine Nichtaufnahme bedeutete Berufsverbot.

Mit Kriegsbeginn sank der Seitenumfang der Zeitungen. Papier wurde eingespart, die Druckbuchstaben kleiner, die Aufmachungen nüchterner. Ab Oktober 1944 gab es in der Steiermark noch drei Tageszeitungen sowie elf Zeitungen, die ein- bis dreimal wöchentlich erschienen. Man überlegte jedoch, in Leoben eine Buchdruckerei zu adaptieren, um beim „Endkampf" auf jeden Fall eine Zeitung für die geplante „Alpenfestung" drucken zu können. „Leykam" in der Stempfergasse und die „Styria" in der Schönaugasse waren schwer verbombt worden.

Der Rundfunk war in den späten dreißiger Jahren bereits ein zentrales Medium geworden und erfuhr durch die Nationalsozialisten eine massive Förderung. Er hatte wesentlichen Anteil am Erfolg des Nationalsozialismus und der Wirkung Hitlers auf die Menschen.

So proklamierte die Reichsrundfunkkammer Radiohören als „staatspolitische Pflicht und Notwendigkeit". Die Gleichschaltung des Grazer Ravag-Senders in St. Peter war ein wichtiger Schritt zur Festigung der NS-Herrschaft. Sendeleiter Wilhelm Pace und der technische Leiter Gerhard Kasper wurden ihrer Ämter enthoben, der Rintelen-Vertraute und steirische Radio-Pionier Franz Huber gegen den Willen der steirischen NSDAP wiederum Sendeleiter in Graz.

Gleichzeitig versuchten die Nationalsozialisten auch möglichst viele Haushalte mit ihren Sendungen zu erreichen und bewarben – auch in Sonderaktionen – den „Volksempfänger". 1939 gab es fast 109.000 steirische Rundfunkteilnehmer, über ein Drittel aller Haushalte hörte Radio, doch noch immer weniger als in anderen österreichischen Ländern. Das Fernsehen war noch im allerersten Versuchsstadium. Eine erste Vorführung gab es auf der Herbstmesse 1938.

Uiberreithers ehrgeizige Pläne, den Grazer Sender zu einem Reichssender auszubauen, scheiterten. Dafür errichtete 1941 das Reichspostministerium in Dobl einen der stärksten Mittelwellensender Europas, vor allem als „Trompete nach Südosten". Franz Huber kam als Intendant zum Reichssender Wien, wo es ihm gelang, die Bedeutung des Wiener Senders auszuweiten: mit einem unverwechselbaren „österreichischen" Musikprogramm und mit verstärkter Propagandaarbeit für den Balkan.

Neben dem Radio wurde der Film zum wichtigen Propagandamittel der Nationalsozialisten. Ab Mitte März 1938 gab es in den rund 100 steirischen Kinos u.a. die NS-Kultfilme „Triumpf des Willens" (Nürnberger Reichsparteitag), „SA-Mann Brand", „Hitlerjunge Quex" oder „Der Tag der Freiheit", dienten die

Wochenschauen der Manipulation der Bevölkerung, wie „Steiermark und Kärnten feiern die deutschen Truppen als Befreier", „Unser Führer in Graz" oder „Die nationale Erhebung in Österreich". Das Abspielen einer Wochenschau wurde für jedes Kino obligatorisch.

Organisatorisch war das Filmwesen über die Filmkammer in der RKK gleichgeschaltet. Verboten waren Filme, die gegen „staatliche, religiöse, sittliche, künstlerische oder nationalsozialistische Empfindungen" verstießen, gefordert waren „völkisch selbständige Kunstwerke". Die Gaufilmstelle im vormals sozialdemokratischen Kinderheim in der Grazer Friedrichgasse wachte mit ihren Bezirks- und Ortsstellen über die Einhaltung der NS-Vorgaben.

1945: Zusammenbruch und Neuanfang unter Besatzung

Politik

Seit 1943, der militärischen Kriegswende in Stalingrad und bei Kursk, dem sich wiederum formierenden, diesmal vor allem militärischen Widerstand, sowie dem erstmaligen Überfliegen der Steiermark durch US-Bomberverbände aus Nordafrika zur Bombardierung von Wiener Neustadt am 13. August 1943, gab es einen beginnenden Stimmungsumschwung in der Bevölkerung. Der „Glaube an den Endsieg" war im Schwinden. Daran änderte auch die Proklamation des „Totalen Krieges" durch Goebbels nichts mehr.

Ende Oktober 1943 erklärten die Alliierten in Moskau, dass sie Österreich als „erstes Opfer" Hitlerscher Aggression betrachten, doch das Land auch an seine Verantwortung für die Teilnahme am Krieg und jenen Beitrag, den die Österreicher selbst zu ihrer Befreiung leisten würden, erinnern werden. Die Moskauer Deklaration wurde über alle alliierten Sender verbreitet, über dem Reichsgebiet mit Flugblättern abgeworfen und an den Fronten und Kriegsgefangenenlagern der Alliierten millionenfach verteilt. Sie wurde zu einem entscheidenden Dokument der Zweiten Republik, allerdings auch zur Basis der bis in die achtziger Jahre (Waldheim-Diskurs) offiziell vertretenen Opferthese in Österreich.

Die Landung der Westalliierten in der Normandie, ihre Festsetzung in Sizilien und Süditalien eröffnete zudem eine Luftfront direkt über die Steiermark in Richtung Wien, den Donauraum und Süddeutschland. Der Krieg aus der Luft erfasste alle Menschen des Landes. Verdunkelungen, luftschutzmäßiges Verhalten, das Aufsuchen der Bunker, Angst, Drahtfunk-Nachrichten, das dumpfe Dröhnen der Bombermotoren, die dumpfen Einschläge, Erschütterungen und das Wegräumen des Schuttes, das Reparieren zerstörter Anlagen. All dies blieb in der Erinnerung hunderttausender Steirer, solange sie lebten. Der Krieg, den das NS-Regime hinausgetragen hatte, war in entsetzlicher Form ins Land zurückgekehrt. Am Boden und aus der Luft. Besonders ab Jahresbeginn 1944 flogen die Westalliierten mit Uhrwerksroutine ihre Einsätze gegen ihre strategischen Ziele im süddeutschen Raum von Süditalien aus: Flugzeugfertigung, Ölindustrie, Rüstungswerke, Verkehrsziele. Die Steiermark, selbst nur selten primäres Angriffsziel, lag meist auf der Rückflugstrecke und bot ein Ausweich- oder Notabwurfziel. In den letzten Kriegsmonaten, als die deutsche Luftabwehr, Flak und Jagdflugzeuge praktisch nicht mehr existent war, kamen zu den Bombern noch zahlreiche Tieffliger, im April und Mai 1945 entlang der Ostfront auch sowjetische Jagdflugzeuge hinzu. Zahllose Angriffe, vielfach auf Bauern auf dem Feld, auf Züge oder einfach auf Fuhrwerke auf der Straße, forderten noch in der Schlussphase des Krieges viele Opfer und waren die Quelle ständiger Angst.

Der erste westalliierte Angriff auf Graz wurde am 25. Februar 1944 von Foggia aus geflogen. Weitere schwere Bombardements folgten zu Allerheiligen 1944 und zu Ostern 1945, als die sowjetischen Spitzen zu Land bereits bei St. Ruprecht/Raab standen. Die Hälfte der Angriffe galt den Bahnanlagen, weil die Alliierten den militärischen Nachschub in Richtung Bal-

Ein sehr rares Foto 1944/45: Deutsche Stukas über dem stark verbombten Graz. Die Fliegerabwehr war seit Mitte 1944 kaum noch existent. Die Westalliierten beherrschten den gesamten Luftraum. Zunehmend setzten sie Jagdflugzeuge ein, die auch kleinste Bodenziele angriffen.

kan und an die heranrückende Ostfront unterbinden wollten. Dazu kamen Angriffe auf die Steyr-Daimler-Puch-Werke in Thondorf und Puntigam, den Flugplatz Thalerhof, auf den Waggonbau bei Simmering-Graz-Pauker sowie auf die SS-Kaserne in Wetzelsdorf. Immer wieder werden noch heute bei Grabungsarbeiten Bombenblindgänger entdeckt. Graz wurde mit 56 Luftangriffen die meistangegriffene Stadt Österreichs. Schwere Angriffe wurden außerdem vor allem gegen Knittelfeld, Bruck, Kapfenberg, Selzthal, Zeltweg, Feldbach, Leibnitz und Radkersburg geflogen. Ziele waren jeweils Industrie- und Verkehrsanlagen. Der Krieg aus der Luft forderte in der Steiermark rund 3.000 Tote, tausende Obdachlose und traumatisierte Menschen.

Der Wettlauf der Alliierten

Auf den immer enger werdenden militärischen Ring um den Südosten des Deutschen Reiches reagierte das NS-System auch in der Steiermark mit letzten „Verteidigungsmaßnahmen": mit dem Bau des „Südostwalls" und von Verteidigungsanlagen gegen die sowjetische Armee, von Luftschutzbunkern und Stollen für Verlagerungen von Rüstungsfirmen gegen die fortwährenden Bombenangriffe, den Phantastereien um eine „Alpenfestung" mit einer Zentrale im Salzkammergut, sowie mit Einberufungen immer jüngerer und älterer Jahrgänge zum „Volkssturm".

Gleichzeitig bewegten sich kilometerlange Trecks von Flüchtenden vor den sowjetischen Einheiten durch die Steiermark in Richtung Westen und hofften, nicht noch in letzter Stunde von den Sowjets gefangen zu werden; zehntausende Zivilisten, teilweise mit ihrem letzten Hab und Gut und ganzen Viehherden. Ungarn, Rumänen und Bulgaren, Mitglieder ehemaliger deutscher Marionettenregierungen und Kollaborateure mischten sich mit Resten der ungarischen Armee, die an der Seite Deutschlands gekämpft hatte sowie zurückflutenden regulären deutschen Einheiten von Wehrmacht und SS.

Als am Gründonnerstag, dem 29. März 1945, sowjetische Verbände der 3. Ukrainischen Front unter Marschall Fedor I. Tolbuchin bei Klostermarienberg im mittleren Burgenland zum ersten Mal österreichischen Boden erreichten, lauteten die sowjetischen Ziele: Erreichen der Linie Gloggnitz – Bruck/Mur – Graz – Marburg/Maribor. Erst als die westalliierten Kapitulationsverhandlungen mit Kesselring scheiterten, hieß es am 13. April 1945 für die 3. Ukrainische Front in der Steiermark: „Halt". Die vorgegebenen Operationsziele,

Kommunistische Befreiungskundgebung in Bruck/Mur mit den Fotos von Lenin, Renner und Stalin.

darunter auch Graz, waren nun hinfällig – bis auf eine Ausnahme: Fischbach. Die Kämpfe um Fischbach und um den Semmering sollten die letzten großen Operationen des Krieges in der Steiermark sein.

Verantwortlich für die militärische Verteidigung in der Steiermark war der ehemalige NSR-Führer General Ringel als Befehlshaber des Wehrkreises XVIII. Er setzte es etwa durch, dass Teile der aus Ungarn und dem Balkan zurückflutenden deutschen Einheiten in kurzer Zeit umorganisiert und wieder an die Ostfront geworfen wurden – nahezu hilflos den sowjetischen Verbänden ausgeliefert. Schwerste Kämpfe in den Fischbacher Alpen, im Wechsel- und Semmeringgebiet folgten. Die Front wogte mehrere Wochen hin und her, oft wegen geringer Geländegewinne.

Im folgenden Wettlauf der alliierten Armeen um den Süden des „Dritten Reiches" war die Steiermark ganz zuletzt besetzt worden. Murau war die letzte von alliierten Truppen besetzte Bezirkshauptstadt Österreichs, bei Gleisdorf erreichte Stalins Arm versteckte Armeeführer der russischen „Weißgardisten", in Judenburg wurden zu Pfingsten zehntausende Kosaken- und Wlassow-Truppen von den Briten zwangsweise an die Sowjets, ihre erbitterten Gegner, ausgeliefert. In der Oststeiermark, aus der sich die sowjetischen Besatzer nach drei Monaten zurückgezogen und tausende Kriegstote zurückgelassen hatten, war durch die leidvollen Erfahrungen mit den sowjetischen Besatzern der Antikommunismus schon sehr früh entstanden.

Durch den militärischen Zusammenbruch zu Land und in der Luft war der Landkrieg Ende April 1945 zum Stillstand gekommen. Das NS-System brach zusammen, die NS-Machthaber setzten sich ab. Dadieu meldete per Radio am 8. Mai, noch vor dem Einmarsch der sowjetischen Truppen in Graz, die im Grazer Rathaus vollzogene Machtübergabe. Im Untergrund war vorher, teilweise mit Hilfe hoher NS-Funktionäre eine neue demokratische Bewegung entstanden, die noch vor der Kapitulation des Deutschen Reiches am 8./9. Mai 1945 die Macht übernahm. Sozialdemokraten, die neu gegründete Volkspartei und Kommunisten fanden sich zur ersten provisorischen steirischen Nachkriegsregierung zusammen. Widerständler waren in ihr freilich kaum vertreten.

Das Land war zu Kriegsende total überlaufen: Auf zwei Steirer kam bereits ein Versetzter („DP"): Zwangsarbeiter, umgesiedelte „Volks"-Deutsche, Südtiroler, Kosaken, Wlassow-Truppen und Kriegsgefangene, dazu ungarische Juden, die in Richtung Mauthausen getrieben wurden, sowie jene Häftlinge, die in den steirischen KZ-Nebenlagern festgehalten wurden, ehe man sie ebenfalls in Richtung Mauthausen trieb bzw. Marschunfähige an Ort und Stelle liquidierte, fanden sich gleichzeitig im Lande. Außerdem tausende bombenverschickte Personen, vor allem aus Wien und Deutschland, sowie jene nicht zählbaren Flüchtlinge, die vor der Roten Armee in kilometerlangen Kolonnen in Richtung Westen zogen.

Die führenden Köpfe der ersten Stunde waren bei der „Sozialistischen Partei Österreichs" (Sozialdemokraten und Revolutionäre Sozialisten) Reinhard Machold, Engelbert Rückl und Alois Rosenwirth. Auf Seite der „Österreichischen Volkspartei" (Christlichsoziale), gab es nur den schwerkranken Alois Dienstleder und ein paar junge Vertreter wie Karl Kober, Arthur Josl oder Alfred Scheidl, die bereit waren, sich vorläufig als Vertreter der ÖVP zu erklären. Ditto Pölzl, der von der KPÖ noch kein Mandat hatte, kam für die Gewerkschaften. Landessicherheitsdirektor und Polizeipräsident in Graz wurde der eben einer NS-Todeszelle entkommene Rosenwirth. Er ernannte den Christlichsozialen Karl Ortner zum Landesgendarmeriekommandanten. Kurze Zeit später wurde Ortner von den Sowjets, als er in die sowjetische Kommandantur gekommen war um sich vorzustellen, verhaftet und 1946 in der Ukraine als Kriegsverbrecher erschossen, obwohl ihm eine persönlich Schuld im Prozess nicht nachgewiesen werden konnte.

Machold, Dienstleder, Pölzl und Sicherheitsdirektor Rosenwirth bildeten am 8. Mai 1945 die erste Form einer provisorischen Landesregierung. Versuche, weitere Persönlichkeiten für die Regierungsarbeit zu finden, waren nicht immer erfolgreich. Viele waren nicht im Lande oder noch nicht in Graz, wie der frühere VF-Landesführer Gorbach, andere, wie der Landesstatthalter im Ständestaat, Barthold Stürgkh, mit eigenen dringenden Arbeiten beschäftigt.

In der Nacht vom 8. auf den 9. Mai 1945 rückten sowjetische Truppen kampflos in Graz ein. Als die Grazer am Morgen erwachten, war ihre Stadt sowjetisch besetzt. Die Sowjets rückten nach der Kapitulation der Deutschen Wehrmacht am 8./9. Mai überall so lange vor, bis sie auf Briten (am 15. Mai im Raum Köflach) oder Amerikaner (an der Ennsbrücke bei Liezen, die für tausende deutsche Landser zur Schicksalsbrücke wurde: Jeder versuchte noch das amerikanische Ufer zu erreichen) stießen. Ein besonderes Problem für die krass unterversorgten Steirer war auch, dass die sowjetischen Truppen – anders als Briten und Amerikaner – großteils aus den Beständen des Landes zu versorgen waren. Unter sowjetischem Kommando operierten im Lande auch noch Truppen der 1. Bulgarischen Armee sowie Tito-Partisanen, von denen die südlichen Gebiete des Landes besetzt wurden.

Die Steirer hatten sich nach sieben Jahren NS-Herrschaft neu zu orientieren. Viele taten es wie 1938, bereits knapp vor dem Umbruch, und beschafften sich entlastende Bestätigungen. Andere nahmen sich das Leben. Die meisten jedoch begannen ihr Alltagsleben unter den geistigen und materiellen Trümmern neu zu organisieren. Vielfach lastete die Hauptarbeit dabei auf den Frauen, weil die meisten Männer entweder in Gefangenschaft, gefallen oder noch untergetaucht waren. „Trümmerfrauen" werden sie später genannt werden. Sie bewerkstelligten die Arbeit in den Landwirtschaften, Betrieben, beim Wegräumen des Schuttes und in der Kindererziehung. Oft ohne Nachricht über das Schicksal ihrer Angehörigen, die sie oft mehrere Jahre lang vermissen mussten.

Administrativ wurden die Bezirkshauptmannschaften, Gendarmerieposten, Gemeindeämter und andere Einrichtungen des öffentlichen Lebens mit demokratischen Kräften besetzt. Ihre erste Aufgabe: Der einheimischen Bevölkerung das Überleben zu ermöglichen, die durchziehenden Truppen und Trecks nach Möglichkeit zu versorgen, den materiellen und geistigen Schutt zu beseitigen, die überall herumliegenden Haufen von Waffen, Relikte des Krieges, wegzuräumen; im sowjetisch besetzten Teil den tausenden vergewaltigten Frauen, soweit es eben ging, Trost zu geben und fallweise Abtreibungen zu ermöglichen.

Die NS-Opferbilanz
Wie keine andere Epoche zuvor in der Geschichte des Landes, hatten das NS-Regime und der Zweite Weltkrieg eine erschreckende Summe an menschlichen Opfern, Leid, Entzweiung und Schäden verursacht. Die Nachwirkungen, die Folgen des Systems in den Haltungen und Einstellungen der Menschen, die radikale Ausnützung menschlicher Ideale und Hoffnungen zum Zwecke einer menschenverachtenden Ideologie, waren bis zum Ende des Jahrhunderts deutlich spürbar. Daher lassen sich die Opfer von Nationalsozialismus und Krieg in der Steiermark auch nicht allein in Zahlen fassen. Die folgende Statistik soll lediglich

eine Größenordnung vermitteln: 8.000 politische Opfer (Hingerichtete, in Gestapo-Haft Verstorbene und KZ-Insassen), 2.500 ermordete Juden, 300 Roma, 28.000 gefallene Wehrmachtssoldaten und Angehörige der Waffen-SS, 12.400 auf Dauer Vermisste, vor allem an der Ostfront, rund 20.000 gefallene Sowjetsoldaten, 12.000 Ziviltote des Luftkrieges und der Bodenkämpfe, 9.493 vergewaltigte Frauen in der Oststeiermark (amtlich registriert, von 8. Mai bis 4. August 1945).

Die materiellen Kriegsschäden errechnete man mit 387 Millionen RM (zu Preisen des Jahres 1945): 30.812 ganz oder teilweise zerstörte Wohnungen, davon 20.400 in Graz, 127 ganz oder teilweise zerstörte Straßenbrücken, 40 gesprengte Eisenbahnbrücken, 17.249 ganz oder teilweise zerstörte Wohn- und Wirtschaftsgebäude, tausende Hektar Nutzungsflächen.

Am 8. Mai 1945 sollte mit dem Kriegsende auch das Sterben ein Ende haben. Dem war jedoch nicht so. Die unmittelbaren Kriegsfolgen forderten wiederum tausende Opfer: Viele in der kalten Enns Ertrunkene, die vor der Roten Armee zu den Amerikanern fliehen wollten. Rund 50.000 auf der Judenburger Murbrücke von den Briten zu Pfingsten 1945 an die Sowjets übergebene Kosaken und Wlassow-Einheiten, hunderte von sowjetischen Spezialeinheiten und Tito-Partisanen verschleppte Steirer, zehntausende kriegsgefangene Steirer und auf Dauer Vermisste sowie das Leid tausender Frauen unter der sowjetischen Besatzung.

Die „Russenzeit"

Zu Kriegsende 1945 war die Steiermark fünffach besetzt, doch die sowjetischen Truppen und Organe, obwohl nur für rund drei Monate im Lande, machten von Beginn an klar, dass sie nun die Herren im Lande waren. In Graz, wo sie die provisorische Landesregierung absetzten und eine neue 3-Parteien-Koalition unter Einschluss der KPÖ installierten, im allergrößten Teil des Landes, wo sie nicht immer als „Befreier", sondern vielfach als Eroberer erschienen. Die tägliche Unsicherheit und Angst, besonders der Frauen und Mädchen vor den „Russen" sowie ihr vielfach unberechenbares Auftreten konnte zu oft als Bestätigung des Zerrbildes, das die NS-Propaganda vom Rotarmisten gezeichnet hatte, empfunden werden.

Der vergewaltigende und plündernde Russe wurde ein gängiger Erzähltopos. Auch sowjetische Zwangsarbeiter ergänzten das allgemeine Bild der „russischen Soldateska". Nicht selten beteiligten sich auch Einheimische, besonders Kommunisten, die glaubten, irgendwie unter dem Schutz der Roten Armee zu stehen, an Plünderungen („steirische Russen" war der bald allgemein gebräuchliche Ausdruck für sie).

Die sowjetische Besatzung war geprägt von Verhaftungen, von Demontagen wichtiger Betriebe, von geheimdienstlichen Unternehmungen des NKWD und der militärischen Abwehrorganisation Smerš („Tod den Spionen"). Ihre Rolle als „Befreier" hatten sowjetische Besatzungssoldaten in der Praxis oft vergessen. Die Bevölkerung ab dem 16. Lebensjahr sowie Angehörige von Gestapo, Polizei und SS wurden registriert, höhere NS-Parteigänger inhaftiert, niedere meist zu Aufräumarbeiten herangezogen. Menschen verschwanden immer wieder aus scheinbar unerklärlichen Gründen. Blanke Angst prägte den Alltag. Die sprichwörtliche Kinderliebe sowjetischer Soldaten konnte letztlich das negative Bild der sowjetischen Besatzungsmacht nicht wettmachen. Allein in der Oststeiermark hatten

Im sowjetischen Offizierskasino. Die Sowjets hielten einen Großteil des Landes bis 23. Juli 1945 besetzt.

sich 9.463 Frauen nach einer Vergewaltigung amtsärztlich untersuchen lassen. 639 Vergewaltigungsdelikte wurden bei der Grazer Polizei angezeigt. Die Dunkelziffern lagen viel höher, weil sich meist nur jene Frauen amtsärztlich untersuchen ließen, die einen Schwangerschaftsabbruch vornehmen ließen. In dieser Situation gab die Landesregierung die Abtreibungen frei, wenn eine entsprechende amtliche Bestätigung vorlag.

Um einer Vergewaltigung zu entgehen, verkleideten sich Frauen als Männer, richteten sich als alte Frauen her oder schützten Infektionskrankheiten vor. Das Stereotyp des „kinderliebenden Russen" veranlasste Frauen in gefährlichen Situationen, sich Kinder „auszuborgen". Die meisten Vergewaltigungen und Übergriffe geschahen bis Kriegsende. Anfang Mai gingen die Vergewaltigungen stark zurück, weil bekannt gewordene Fälle von der Roten Armee mit harten Strafen geahndet wurden.

Gestohlen und geplündert wurden vor allem Fahrräder, Uhren, Schmuck, Radios und Hausrat aller Art. In Graz wurden bis Dezember 2.708 Plünderungen und 282 Fahrzeugdiebstähle angezeigt. Die Täter waren meistens Rotarmisten, abziehende „Ostarbeiter" und auch Einheimische. Waren es im Kleinen Plünderungen, so waren es im Großen Demontagen von Anlagen, teilweise in großzügiger Auslegung der Potsdamer Beschlüsse betreffend das „Deutsche Eigentum". Die Gesamtschäden in der Steiermark durch Demontagen und Plünderungen wurden mit 284,9 Millionen RM (Wert 1945) festgelegt, dreimal höher als die Luftkriegs- und Kampfschäden. Zu den demontierten Anlagen zählten etwa das Südwerk von Schoeller-Bleckmann zur Gänze, alle Maschinen bei Vogel & Noot in Wartberg, Breitenfeld und Mitterdorf, die Walzstraße „Bluming", die Turbogeneratoren, Elektroöfen und die Dampfkessel aus Donawitz, die Qualitäts-Walzstrecke von Felten & Guilleaume in Bruck, die neuen Walzstrecken und Elektroöfen von Böhler in St. Marein und das gesamte „Ostwerk" der Gussstahlwerke Judenburg.

Hinter der Hauptkampflinie hatten sowjetische Einheiten und Geheimdienste zudem mit rigorosen Verhaftungen und Verschleppungen in die UdSSR begonnen. Frühere Polizei-, Abwehr- und SD-Mitarbeiter auf dem besetzten sowjetischen Gebiet, Kriegsverbrecher, ehemalige NS-Funktionäre, vermeintliche Angehörige von „Werwolf"-Einheiten, politische Gegner der Besatzer sowie ehemalige sowjetische Emigranten, Wlassow- und Kosaken-Einheiten standen auf den teilweise exakt vorbereiteten Listen sowjetischer Spezialorgane. Dazu kamen Verschleppungen von („Volks"-)Deutschen, die Rückführung sowjetischer Kriegsgefangener und Zwangsarbeiter, sowie hunderte Verschleppungen von Zivilisten, oft aufgrund von Denunzierungen von Nachbarn. Bis August 1945 hatten die Sowjets rund 500 Steirer verschleppt, darunter Steweag-Direktor Karl Augustin oder Karl Ortner, den Landesgendarmeriekommandanten. Außerdem suchte man gezielt nach Wissenschaftlern und Technikern, von denen man annahm, sie beim Wiederaufbau und in der Rüstung der Sowjetunion einsetzen zu können. Etwa jeder zehnte sowjetische Kriegsgefangene und Zwangsarbeiter wollte nicht mehr in seine Heimat zurück, weil er ahnte, dass er dort als „Vaterlandsverräter" bestraft werden würde. Einige versuchten durch Eheschließungen mit Österreicherinnen einer Rückführung zu entkommen. Major Nikolaj Kolesnikow heiratete etwa am 14. Juni 1945 in Graz-Münzgraben eine Grazerin. Es half nichts. Kolesnikow wurde trotzdem repatriiert. Die Grazer Gattin folgte ihm in die Ukraine, von wo sie erst nach dem Tod ihres Gatten, in den achtziger Jahren, nach Graz zurückkehrte.

Insgesamt waren von den Repatriierungen und Deportationen durch die Sowjets in Österreich an die hunderttausende Menschen betroffen, v.a. ehemalige „Ostarbeiter", sowjetische Kriegsgefangene, Kosaken (zehntausende Frauen und Kinder, militärische Einheiten unter den Atamanen) sowie Einheiten der „Russischen Befreiungsarmee" unter General Wlassow. Die Kosaken wurden von den Briten zu Pfingsten 1945 unter falschen Versprechungen entwaffnet und kurzerhand in Judenburg an die Sowjets ausgeliefert. Ein eklatanter Bruch des Völkerrechts, jedoch weitgehend konform mit den Beschlüssen der Alliierten. Die militärische Führung der Kosaken wurde in Moskau 1947 gehängt, die Soldaten, Offiziere und Zivilisten erhielten als „Vaterlandsverräter" großteils harte Gulag-Strafen,

Die Briten in der Steiermark: Schottische Dudelsack-Pfeifer auf dem Grazer Opernring.

kamen in Strafbataillone oder wurden in unwirtlichen Gegenden angesiedelt. Erst 1995 amnestierte Präsident Boris Jelzin die noch Lebenden bzw. auch deren überlebende Familienangehörigen.

Quasi als Dank für die Auslieferung der Kosaken und Wlassow-Soldaten durch die Briten, entließ Stalin die österreichischen Kriegsgefangenen aus der sowjetischen in die westlichen Zonen. Dort lebten rund 53.000 Sowjetbürger, die eines jedenfalls nicht mehr wollten: Heim. Genau dies wollten jedoch die Sowjetbehörden. Daher schuf man im Winter 1945/46 in den Westzonen Österreichs eigene sowjetische Repatriierungsmissionen. Ihr Hauptquartier für die britische Zone (Kärnten und Steiermark) war bis August 1951 das Hotel Bauer in Bruck/Mur. Daneben bestanden noch Operativgruppen in Graz und Klagenfurt. Mit insgesamt bescheidenem Erfolg.

Die sowjetische Besatzung des Großteils der Steiermark endete am 23. Juli 1945. Der Abzug der Sowjets wurde mit dem US-Abzug aus Thüringen, das damit zur „Sowjetisch besetzten Zone Deutschlands" (später DDR) geschlagen wurde, junktimiert und hatte eher zögernd am 19. Juli 1945 begonnen. Die Rote Armee und die sowjetischen Organe, besonders der Geheimdienst, zogen sich ins Burgenland, nach Niederösterreich, einzelne Truppenkörper auch nach Ungarn zurück.

Die Briten als Besatzer

Ab 24. Juli 1945 bildete die Steiermark gemäß dem Alliiertenplan zusammen mit Kärnten die britische Besatzungszone in Österreich. Die Briten hatten sich gründlich auf ihre Aufgabe vorbereitet, kannten das Land durch ihre Agententätigkeit, aus ihren eigenen Besatzungserfahrungen im oberen Murtal und in der Weststeiermark sowie aus ihren jahrelangen Nachkriegsplanungen. Unter der „Operation Styria" übernahmen die Regimenter der 46. Infanteriedivision der 8. britischen Armee am 24. Juli 1945 die Besatzung des ganzen Landes. In Graz hatten sich tausende Schaulustige am Hauptplatz versammelt, um die neuen „Befreier von den Befreiern", teilweise in Schottenröcken und mit Dudelsack, unter Generalmajor Weir und General McCreery, dem späteren Hochkommissar in Österreich, zu sehen. Die britische Militärregierung führte Oberst Alexander C. Wilkinson, seine engsten Mitarbeiter wurden Arthur Radley und Patrick L. Graham, die bald auch Freunde des Landes wurden. Die unkontrollierten Übergriffe hörten auf, von den Sowjets eingesetzte kommunistische Funktionäre und Polizisten wurden abgelöst, Lebensmittel angeliefert, die kommunistische „Hilfspolizei" entwaffnet. Gleichzeitig mischten sich die Briten jedoch stark in innere steirische Angelegenheiten ein und machten den Spielraum der steirischen Politik eng und lockerten das Fraternisierungs- und Heiratsverbot erst im Herbst 1945. Britisch-steirische Heiraten waren fortan häufiger.

Die Briten untersagten den Kontakt zu Staatskanzler Renner, setzten österreichische Gesetze außer Kraft oder kontrollierten die Sitzungen der Landesregierung. Erst langsam, mit zunehmendem Vertrauen, lockerten die Briten das Besatzungsregime. Es war eben Hilfe und Bevormundung zugleich.

Der Anfang war denkbar schwer. Ende Juli 1945 gab es in Graz kaum noch Medikamente, insgesamt nur noch 35 Lkws und die Brotversorgung der Stadt reichte nur noch für fünf Tage. Schlachtvieh war meist „Opfer" sowjetischer, bulgarischer und jugoslawischer „Requirierungen" geworden. Über 2.700 Gehöfte und 5.200 landwirtschaftliche Betriebe waren vollständig zerstört oder stark beschädigt. Es fehlte an Milch für Kleinkinder und Babys in den Spitälern. Jedes sechste Neugeborene starb nach der Geburt.

Große Teile der steirischen Industrie waren zerstört oder demontiert, die Infrastruktur schwer beschädigt, die Strom- und Energieversorgung unterbunden. Nur noch jedes vierte Auto war fahrbereit. Verletzte und Kranke mussten buchstäblich mit Schubkarren und Handwagen in die Spitäler gebracht werden. Feuerwehrautos waren nicht mehr vorhanden, die Stromversorgung reichte bei weitem nicht aus, das Kraftwerk Dionysen war von den Sowjets demontiert, die E-Werke Fürstenfeld und Radkersburg zerstört und hunderte Kilometer Stromleitungen noch nicht ersetzt worden. Abgestürzte Flugzeuge waren schon

Die Zonengrenze am Semmering. Der Schlagbaum zur sowjetischen Zone.

längst ausgebeutet und in Einzelteile zerlegt worden: Kugellager, Ledergurten, Segeltuch oder Fallschirmseide waren begehrte Materialien. Frauen lernten in Kursen aus Uniformstoffen Kostüme zu nähen, Fallschirmseide zu einem Hochzeitskleid zu verarbeiten, Hemden zwar mit Kragen, aber ohne Rückenteil herzustellen oder mit Ersatzstoffen zu kochen.

Dazu war das Land mit rund 300.000 DPs und Kriegsgefangenen vollkommen überlaufen. Die größten Ausländerlager waren in Fürstenfeld, Wagna, Eisenerz, Leoben, Trofaiach, Kapfenberg, Judenburg und Graz. Zu den Kriegsgefangenen und Zivilisten kamen noch deutsche Einheiten, die eine Zeitlang im Lande blieben und teilweise beim ersten Wiederaufbau halfen.

Die Sorgen tausender Frauen, die oft unter den Trümmern ihrer zerstörten Wohnungen allein auf sich gestellt mit ihren Kindern überleben mussten, können nur erahnt werden. Sie hatten ihre Männer, die Kinder ihre Väter „im Krieg" verloren. Viele hatten erst im Krieg geheiratet und ihren Mann noch kaum gekannt. Dennoch konnten sich viele Frauen bis an ihr Lebensende nicht dazu durchringen, den Vermissten für tot erklären zu lassen, obwohl sie dadurch auf die entsprechenden Sozialleistungen und Renten verzichten mussten.

Der erste Eingriff der Briten in die Landesregierung betraf die Zurückdrängung des kommunistischen Einflusses. In der 3. provisorischen Landesregierung verloren die Kommunisten einen Regierungssitz an die Sozialisten und hatten nur noch zwei (Viktor Elser, Ditto Pölzl) gegenüber vier für die SPÖ (Reinhard Machold, Norbert Horvatek, Fritz Matzner, Ferdinand Wultsch) und drei für die ÖVP (Alois Dienstleder, Anton Pirchegger, Josef Schneeberger). Die Regierung amtierte vom 8. August bis 29. Dezember 1945.

Verwaltungsaufbau und Entnazifizierung

Der Verwaltungsaufbau im Land war dringend und notwendig, wobei Macholds Sorge dabei vor allem der Entnazifizierung durch die Briten galt. Er befürchtete, dass es dadurch in der Verwaltung, bei Justiz, Post, Medizin sowie an den Schulen und Hochschulen zu großen Engpässen kommen werde. So waren rund 90 Prozent der Ärzte im öffentlichen Gesundheitswesen „Illegale", deren Außerdienststellung den Zusammenbruch der medizinischen Versorgung bedeutet hätte. Einen Ausweg fand man in „Ärzten auf Zeit" mit „widerruflichen Beschäftigungsaufträgen". Die Hochschulen standen vor einem personellen Kollaps, eine Zusammenlegung von Universität und Technik wurde erwogen. In der Landesverwaltung verhinderten Personalrochaden einen Totalkollaps. Vor allem mangelte es an Lehrern und Juristen, namentlich der Jahrgänge 1910 bis 1920, die vielfach gefallen oder noch in alliierter Kriegsgefangenschaft waren.

Das Gerichtsgebäude konnte nach dem Auszug der Sowjets Mitte Juli 1945 keinen Betrieb aufnehmen, derart desolat waren die Bedingungen. Vor allem mangelte es auch an unbelasteten qualifizierten Richtern und Staatsanwälten. Und die anhängigen politischen Strafverfahren wuchsen täglich.

Neue Parteien und die ersten freien Wahlen

Für die ersten Nachkriegswahlen am 25. November 1945 (Nationalrat und Landtag) waren nur 531.256 Steirer und Steirerinnen wahlberechtigt, weil 87.523 ehemalige NS-Mitglieder nicht wahlberechtigt, etwa 60.000 noch in Kriegsgefangenschaft und tausende während des Krieges ums Leben gekommen waren. So war der weibliche Wähleranteil mit rund 62 Prozent besonders hoch.

In der ersten demokratischen Wahlbewegung nach 13 Jahren waren die drei Regierungsparteien ÖVP, SPÖ und KPÖ angetreten. Die Kommunisten hatten die Partei im Ständestaat und während des „Dritten Reiches" im Untergrund erhalten, während die Volkspartei und die Sozialistische Partei 1945 neu gegründet wurden.

Die Gründung der steirischen ÖVP erfolgte im Sanatorium der Kreuzschwestern in Graz, weil Dienstleder dort in Behandlung war. Etliche junge Aktivisten hatten die Gründung am 18. Mai 1945 bewerkstelligt. Ihr Ziel war eine breite, antisozialistische Bewegung zu werden, auch in Allianz mit den ehemals „Nationalen" (Nationalsozialisten, Landbündler, Heimatschützer) sowie zu Liberalen und Konservativen. Mit dieser Strategie, gerichtet auf Einbindung und nicht auf Aus-

Bundespräsident Karl Renner, Landeshauptmann Josef Krainer, LH-Stellvertreter Reinhard Machold, Bürgermeister Eduard Speck und die Landesräte Fritz Matzner, Norbert Horvatek und Ferdinand Prirsch.

grenzung, knüpfte man an die ständige Mehrheit des bürgerlichen Lagers (Christlichsoziale und nationale Gruppierungen) während der Ersten Republik an. Dies versuchte die ÖVP über Bünde zu erreichen. Dagegen stand Dienstleder mit seinem Plan einer direkten Parteimitgliedschaft. Sein Scheitern war vorprogrammiert. Ebenso sein Versuch, den Aufstieg Gorbachs zu verhindern, der in Wien von Figl und Raab, in der Steiermark von Krainer gestützt wurde. Gorbach wurde 1945 auch steirischer Spitzenkandidat, zog 1945 in den Nationalrat ein und wurde Dritter Präsident des Hohen Hauses am Ring. Trotz mehrerer Konfliktlinien, vor allem zwischen früheren Christlichsozialen und „Vaterländischen", fand die Partei erstaunlich schnell in eine offensive Phase.

Die SPÖ wurde schon am 9. Mai 1945 im Kaufmännischen Sanatorium Eggenberg von Machold,

Engelbert Rückl, Ditto Pölzl, Fritz Matzner u.a. gegründet. Die SPÖ beanspruchte wie die ÖVP die politische „Mitte", wollte jedoch gleichzeitig die einzige wirkliche „Arbeiterpartei" sein. Um weitere Wählerschichten anzusprechen, versuchte auch die SPÖ im „braunen" Potential zu fischen.

Die KPÖ hatte während der gesamten NS-Zeit im Untergrund bestanden und brauchte 1945 nicht neu oder wieder gegründet zu werden. Fast alle Protagonisten kamen aus den Reihen der sozialistischen Jugendbewegung vor 1934, wie Franz Kramer, Ditto Pölzl, Fritz Mitterböck, Otto und Ernst Fischer oder Willi Scholz.

Der Wahlkampf war kurz, unter alliierter Zensur und unter den Bedingungen einer Mangelwirtschaft, vor allem bei Papier für Zeitungen, Plakate und Werbemittel. Wahlkampfthemen waren das Wahlverbot der ehemaligen Nationalsozialisten, die Versorgungslage und die Entnazifizierung. Die steirischen Parteien setzten auch auf Bundespolitiker: Raab, Leopold Figl, Renner oder Franz Honner.

Bei einer Wahlbeteiligung von 93,8 Prozent, der höchsten in der Zweiten Republik, holte die ÖVP im Landtag eine absolute Mehrheit von über 53 Prozent, die SPÖ kam mit über 41 Prozent auf Rang zwei und die KPÖ mit für sie enttäuschenden 5 Prozent auf die letzte Stelle. Ähnlich das Ergebnis der gleichzeitig abgehaltenen Nationalratswahlen. Bei den gleichzeitig abgehaltenen Grazer Gemeinderatswahlen erhielt die SPÖ die absolute Mehrheit, Eduard Speck wurde Bürgermeister.

Trotz des Wahlsieges wechselte die ÖVP ihren Spitzenmann. Auf Dienstleder folgte der Landwirt Anton Pirchegger aus Allerheiligen im Mürztal, bis dahin Landesrat in der Regierung Machold. Ein deutliches Zeichen, dass in der ÖVP zwischen Christlichsozialen und „Vaterländischen" eine Balance zu finden war, die letztlich gegen die Christlichsozialen ausging.

Nach der Neukonstituierung des Landtages am 12. Dezember 1945 mit Präsident Josef Wallner und Franz Stockbauer als zweitem Landtagspräsidenten, wurde am 28. Dezember die neue, vierte steirische Landesregierung seit Kriegsende unter Anton Pirchegger angelobt. Das neue Regierungsprogramm, formuliert in Pircheggers Landtagsrede, sollte die bereits genannten Probleme der Menschen beseitigen und vor allem: Die baldige Rückkehr der steirischen Kriegsgefangenen, vor allem aus Jugoslawien und aus der Sowjetunion, den Wiederaufbau der Kriegsschadensgebiete der Ost- und Südsteiermark, die Entnazifizierung (auch der Justiz selbst), die Sicherung der Arbeitsplätze sowie den Ausbau des Genossenschaftswesens gewährleisten. Gerade die emotional stark behaftete Rückkehr der Kriegsgefangenen stellte ein Problem erster Ordnung dar, denn zu Jahresbeginn 1946 waren noch etwa 60.000 in alliierter Hand, je ein Drittel in britischem und amerikanischem, etwa ein Viertel in sowjetischem und ein Fünftel in jugoslawischem Gewahrsam. Bis 1. März 1947 waren 32.966 von ihnen wieder zurückgekehrt. 1947 bis 1949 kamen auch die Transporte aus der Sowjetunion. Dort verblieben noch einige hundert Verurteilte, wegen tatsächlicher oder vorgeblicher Delikte. Sie kamen erst nach dem Österreichischen Staatsvertrag 1955 in ihre Heimat zurück.

1948: Von Pirchegger zu Krainer
Landeshauptmann Pirchegger war seit Herbst 1947, mitten in der ersten Aufbau- und Konsolidierungsphase, schwer erkrankt und bereitete seinen Rücktritt vor; ebenso Landesrat Josef Hollersbacher. Daher bildete die ÖVP ein Jahr vor den nächsten Wahlen die Landesregierung um und erkor 1948 Josef Krainer, nach einer Kampfabstimmung gegen Udo Illig, zum Landeshauptmann. Neu in die Regierung kamen Ferdinand Prirsch und der ehemalige Landbündler Franz Thoma. Als Landesparteisekretär der ÖVP arbeitete seit 1947 der Radkersburger Franz Wegart. Zu den großen Themen gehörten die Sicherung „herrenloser", früherer NS-Vermögen. Schon 1945 war dazu in Wien ein eigenes „Staatsamt" unter dem früheren Landbündler Vinzenz Schumy (nunmehr ÖVP), dem Sozialisten Franz Rauscher und dem steirischen Kommunisten Alfred Neumann eingerichtet worden. Ende 1945 übernahm der fachlich kompetente, ehrgeizige und klar antikommunistisch positionierte Steirer Peter Krauland das Ministerium für „Vermögenssicherung und Wirtschaftsplanung", eine Schlüsselposition im Nachkriegs-Österreich. Zu den zwischen den Großparteien vereinbarten Paketlösungen gehörte 1949 auch die Übernahme der Grazer Leykam durch die SPÖ, als Kompensation für den „Vorwärts"-Verlag und die Druckerei „Typographia", die 1934 durch den Ständestaat den Sozialdemokraten weggenommen wurden.

Von den 1942 im Gebiet des heutigen Österreich registrierten 688.478 NS-Parteimitgliedern lebten 15,5 Prozent oder 107.030 in der Steiermark. Von ihnen waren nicht weniger als 30.430 bereits „Illegale" gewesen. Sie waren vom zunächst nur unter sowjetischer Besatzung wirksamen Verbotsgesetz vom 8. Mai 1945,

Empfang von „Heimkehrern" aus der Sowjetunion nach Jahren der Ungewissheit und Trennung. Wiener Neustadt wurde auch für die Steirer zur „Heimkehrerstadt".

ein Teil auch vom Kriegsverbrechergesetz, und im September 1945 vom Wirtschaftssäuberungsgesetz erfasst worden. Bis Jänner 1946 hatten sich in der Steiermark 92.743 ehemalige Nationalsozialisten (davon 10.532 Parteianwärter) registriert. Bis Ende Juni 1946 gelang es den Briten allein in und um Graz 24 SD-Agenten oder mutmaßliche SD-Verbindungsleute festzunehmen. Die Briten versuchten zunächst die Entnazifizierung mit eigenen Registrierungen und Verhaftungen durchzuführen, später übergaben sie dies zunehmend den steirischen Stellen und deregistrierten alle, die nach dem 13. März 1938 der NSDAP beigetreten und einfache Parteimitglieder geblieben waren. Bis 12. November 1945 waren es bereits 24.800, davon rund 20.000 in Graz.

Unmissverständlich hatte sich auch LH Pirchegger bereits in seiner Antrittsrede für die „kleinen Nazis" und

„Mitläufer" eingesetzt: „[...] Soweit sie nicht ihre Parteizugehörigkeit missbraucht haben, wollen wir sie in Ruhe lassen und lieber dafür sorgen, dass sie nützliche Mitglieder unseres Staates werden und wir auch langsam ihre Herzen gewinnen". Hinter dieser Haltung, die weitgehend zum politischen Grundkonsens gehörte, standen für die beiden Großparteien der Wechsel vom Antifaschismus zum Antikommunismus und die möglichst baldige Integration einer großen Wählergruppe.

Das „Dritte Lager" in der Steiermark, mit den Angehörigen etwa 400.000 Menschen stark, wurde wahlentscheidend. Um sie bemühten sich ÖVP und SPÖ durch Vorfeld- und Parteiorganisationen, wie dem „Amnestie-Aktions-Ausschuss" unter Alfons Gorbach, Franz Huber und Karl Brunner oder dem „Bund Sozialistischer Akademiker" (BSA).

Mit dem „Nationalsozialistengesetz" 1946, das auf dem Verbotsgesetz und den anderen einschlägigen Gesetzen aufbaute, unterschied man nun zwischen „Belasteten", „Minderbelasteten" und Kriegsverbrechern, schränkte die Meldepflicht ein, stufte die Sühnefolgen ab und regelte Ausnahmen. Verbots- und Kriegsverbrechergesetz traten in der Steiermark erst am 30. Jänner 1946 in Kraft, die ersten Verhandlungen der neugeschaffenen Volksgerichte fanden in Graz und Leoben statt. Auch Gerichte der alliierten Behörden führten Verurteilungen von Kriegsverbrechern durch. So wurden etwa die Prozesse um die Judenmorde in Eisenerz, in KZ-Nebenlagern oder in Zwangsarbeiterlagern wie Liebenau von britischen Gerichten, und Kriegsverbrechen, die einen Steiermark-Bezug hatten, von US-Gerichten durchgeführt.

Von den bis Ende 1955 in Österreich angefallenen 136.829 Volksgerichtsfällen lagen 51.176 im Sprengel des Oberlandesgerichtes Graz (Kärnten und Steiermark). In 6.698 Fällen wurde Anklage erhoben und 6.587 Urteile gefällt. Davon waren 2.714 Freisprüche und 3.873 Schuldsprüche.

Eine Reihe von Volksgerichtsprozessen in Graz 1948/49 betrafen Fälle von NS-Wiederbetätigung. So wurde ein Schleichhändlerring aufgedeckt, dem großteils ehemalige Nationalsozialisten angehörten und der vor allem in Oberösterreich und Salzburg tätig war. Anführer war Hugo Rößner, der mit dem Grazer Kaufmann Theodor Soucek in Verbindung gestanden war. Der Prozess endete mit drei Todesurteilen (Theodor Soucek, Hugo Rößner, Amon Göth) sowie Verurteilungen zu schweren Kerkerstrafen. Die zum Tode Verurteilten wurden schon im Juni 1949 von Bundespräsident Renner begnadigt.

Nach den Amnestieverordnungen für belastete Nationalsozialisten wurde Ende 1955 die Aufhebung der Volksgerichte und die Übertragung ihrer Kompetenzen in die allgemeine Gerichtsbarkeit beschlossen. Im Rahmen der NS-Amnestie 1957 wurde das Kriegsverbrechergesetz überhaupt aufgehoben, NS-Gewaltverbrechen waren nunmehr nach dem allgemeinen Strafrecht zu verfolgen. Die Volksgerichtssenate des Sprengels Graz verhängten insgesamt zwölfmal die Todesstrafe (in vier Fällen vollstreckt) und sechsmal lebenslange Freiheitsstrafen.

Von der ersten Entnazifizierungswelle hatten auf Seite der ÖVP vor allem CV-Mitglieder profitiert und waren in Scharen in öffentliche Positionen gekommen. Machold versuchte entgegen zu halten und eine SPÖ-nahe Beamtenschaft aufzubauen. In großem Stil betrieb die SPÖ die Löschung von ehemaligen Nationalsozialisten aus den Registrierungslisten und versuchte, sie gleichzeitig in den BSA zu bringen. 1948 wurden schließlich in der Steiermark 89.441 „Minderbelastete" politisch amnestiert und zu den Wahlen zugelassen.

Die Stimmen der „Ehemaligen" und die Gründung des VdU

Mit der Amnestie für alle „minderbelasteten" Nationalsozialisten 1948 war der Weg frei zur Gründung einer eigenen Partei, die sich besonders um dieses große Wählerpotential annahm, das zum Teil auch von ÖVP und SPÖ angesprochen wurde. Der 1949 in Salzburg gegründete „Verband der Unabhängigen" (VdU) verstand sich von Beginn an als Sammelbecken des „nationalen" Lagers, der ehemaligen Nationalsozialisten und des früheren Landbundes und sprach seine Zielgruppe mit seinem Parteiprogramm unter dem Motto „Recht, Sauberkeit, Leistung" auch unumwunden an. In der Steiermark, mit dem großen Anteil an ehemaligen Landbündlern und Nationalsozialisten, wurde der VdU eine echte Konkurrenz für die ÖVP und ihren Wirtschaftsbund, weniger für die SPÖ. Daher unterstützte die SPÖ, trotz ihres offiziell vorgetragenen antifaschistischen Kurses, die Gründung des VdU in der Hoffnung, über den VdU die ÖVP-Mehrheit brechen zu können und ihre befürchteten Stimmenverluste an den „Linksblock" zu relativieren.

Die Versuche beider Großparteien, Brücken zu den „Ehemaligen" und zum nationalen Lager zu schlagen, sollten daher in erster Linie dazu dienen, dem jeweiligen Mitbewerber Stimmen abzujagen. „Brückenbauer" in der Steiermark waren vor allem die Repräsentanten des „Amnestie-Aktions-Ausschusses" und Josef

Krainer auf ÖVP-, sowie Norbert Horvatek und Alfred Schachner-Blazizek auf SPÖ-Seite. Über Vermittlung des „Ennstaler Kreises" (einer von ÖVP-Landesparteisekretär Alfred Rainer betreuten und von Krainer geförderten Plattform) sollte auf größerer Ebene versucht werden, das Wählerreservoir der „Dritten Kraft" für die ÖVP anzusprechen. In Oberweis, wo 1949 die Gespräche der ÖVP mit den „Ehemaligen" stattfanden, waren aus der Steiermark der ehemalige NS-Häftling Karl Brunner aus Murau in Vertretung von ÖVP-Landesobmann Gorbach, und Manfred Jasser (Herausgeber des „Alpenländischen Heimatrufes" unter Patronanz von SPÖ-Innenminister Oskar Helmer und Reinhard Machold) auf der Seite der Nationalen dabei.

Die Befürchtungen der beiden Großparteien traten am Wahlabend des 9. Oktober 1949 ein: ÖVP und SPÖ verloren erdrutschartig zu Gunsten des VdU, der „Linksblock" stagnierte bei rund fünf bis sechs Prozent. 94.698 Menschen hatten den VdU gewählt, 89.441 „Minderbelastete" waren wieder wahlberechtigt gewesen. Damit verlor die ÖVP im Land einen Regierungssitz (Ludwig Thoma) an den VdU, der ihn mit Josef Elsnitz besetzte, der durch das 4:4-Patt in der Landesregierung zum Zünglein auf der Waage wurde. Josef Krainer konnte dennoch als Landeshauptmann gehalten, Thoma auf den Sessel des Landtagspräsidenten gehievt werden.

Die Politik von ÖVP und SPÖ hatte in der Steiermark mit ihren historisch gewachsenen Strukturen und Grenzland-Identitäten stärker denn anderswo auf diese Wählergruppe Rücksicht zu nehmen. Sie war zusammengesetzt aus ehemaligen Mitgliedern von Landbund und „Heimatschutz", aus Vertriebenen, Untersteirern und amnestierten „Minderbelasteten". Besonders ab

Mitte der fünfziger Jahre, nach der Auflösung des VdU und der Gründung der FPÖ, gelang es den Großparteien ÖVP und SPÖ wieder, die ehemaligen VdU-Wähler stärker an sich zu binden. In den Industriegebieten der Obersteiermark waren sie zu SPÖ-Wählern, in der agrarischen Oststeiermark zu ÖVP-Wählern geworden. Von den Großparteien erhielten sie Arbeitsstellen, Wohnungen und die Ausbildung ihrer Kinder. Alpine-Gewerkschaften und Betriebsräte waren fest in sozialistischer, Agrargenossenschaften (bis zur „Agrosserta") fest in der Hand der ÖVP. Als die Verstaatlichte Industrie und die Agrargenossenschaften in den siebziger und achtziger Jahren in die Krise gekommen waren oder über keine entsprechenden Möglichkeiten mehr verfügten und gleichzeitig die FPÖ ab 1986 (unter Jörg Haider) mit VdU-ähnlichen Losungen auftrat, begannen die Hochburgen von SPÖ und ÖVP in der Steiermark wieder schneller zu bröckeln als in anderen Bundesländern.

Die Wahlen 1953 brachten keine großen Veränderungen gegenüber 1949. Der VdU konnte sich bei einem Verlust von einem Mandat konsolidieren, die SPÖ wurde erstmals bei Landtagswahlen stimmenstärkste Partei. Krainer blieb dennoch Landeshauptmann.

Wirtschaft

Das Kriegsende 1945 und der Zusammenbruch des NS-Regimes markierten einen tiefen politischen Einschnitt. In der Wirtschaft des Landes gab es keine „Stunde Null", obwohl ihr wesentliche Betriebsanlagen, Verkehrswege, Arbeitskräfte, Energielieferungen und Kapitalien nicht zur Verfügung standen, zerbombt, demontiert oder einfach aufgelassen waren. Die Schäden von Krieg und Nachkriegszeit waren auf Schritt und Tritt zu sehen. Dennoch erholte sich die Wirtschaft und Industrie mit der hohen Verstaatlichtenquote sowie den Flaggschiffen in der Grundstoff- und Maschinenbauindustrie relativ schnell. Ehemalige Kriegsproduktionsstrecken wurden zu Fertigungsstrecken für Artikel des täglichen, zivilen Bedarfs umgestellt. Auch erste Hilfsorganisationen wie CARE, die „Schwedenhilfe" oder die „Schweizer Spende" halfen mit, die erste Not der Bevölkerung zu lindern.

Wesentlich wurden freilich die großen Hilfsprogramme, vor allem der UNRRA und des Marshall-Plans (ERP), die zwischen 1946 und 1952 nach dem Bundesländerschlüssel und den US-Aufteilungen auch in die Steiermark flossen. Insgesamt erhielt die Steiermark von den ausgeschütteten, rund 7 Milliarden Schilling an ERP-Geldern für Österreich bis 1955 1,74 Milliarden Schilling, davon 685 Millionen Schilling für die Hütten, 484 Millionen für die Papier- und Zelluloseindustrie, 187 Millionen für die Kohlenwerke und den Bergbau und 129 Millionen Schilling für die E-Wirtschaft. Die Mittel aus dem Marshallplan ermöglichten etwa einen technologischen Vorsprung in der Stahlerzeugung. Sehr schnell nach Kriegsende hatte die Linzer Voest in Versuchsreihen den Frischprozess bei der Stahlerzeugung durch Zuführung reinen Sauerstoffs optimiert. Im Juni 1949 wurde in großen Versuchen in Linz und Donawitz das „LD-Verfahren" entwickelt. Es wurde ein Meilenstein der Hochofentechnologie und weltweit eingeführt. Als erste Maßnahme erhielt Donawitz zwei Stahl-Konverter und baute seine Anlagen enorm aus. 1952 konnte schließlich in Linz das erste LD-Stahlwerk seinen Betrieb aufnehmen, das zweite folgte 1953 in Donawitz, wobei hier die entsprechenden Weiterverarbeitungsbetriebe zur Verfügung standen. Die Festigkeit des damit produzierten „SK-Stahls" (Sauerstoff-Konverter) übertraf den Siemens-Martin-Stahl. „Torstahl" war eine weitere Neuentwicklung, die sich besonders gut als Bewehrungsmittel für Stahlbetontragwerke und damit als wesentliches Baumaterial im Wiederaufbau, eignete.

Mehr als die Hälfte der steirischen Industriebeschäftigten arbeiteten in der Verstaatlichten. Orte wie Kapfenberg, Donawitz, Mürzzuschlag oder Zeltweg lebten fast ausschließlich von den verstaatlichten Unternehmen. Selbst die Gastronomie zahlreicher Orte richtete sich fast zur Gänze auf die Arbeiterschaft des Ortes aus. Das bestgehendste Restaurant in Eisenerz hieß noch in den achtziger Jahren „Volkskeller", in der Stadt waren Gewerbebetriebe für den Alltagsbedarf teilweise ausgestorben. Die Alpine sicherte selbst die alltäglichen Bedürfnisse durch ihre eigenen Betriebe. Bis Ende der sechziger Jahre erreichte der Lebensstandard gerade in den Regionen der Verstaatlichten österreichische Spitzenwerte. Als die Verstaatlichte in den siebziger Jahren in eine schwere Krise schlitterte, veränderte sich die Wirtschaftslandschaft der Steiermark total, freilich begleitet von tiefen Einschnitten in die Gesellschaft und Auswirkungen auf die Politik.

Eine Verstaatlichung der Steirischen Elektrizitäts-Gesellschaft (Steg) wurde nach schwierigen Verhandlungen von LH Krainer abgewendet und damit das traditionelle, im Schweizer Besitz stehende Unternehmen von einer Verstaatlichung ausgenommen. Eine wesentliche Rolle spielte auch, dass die Schweizer Eigentümer eine Ablösung ihres Eigentums in Schilling wegen des hohen Währungsrisikos ablehnten und die Steweag nicht in der Lage war, die Kaufsumme in Schweizer Franken aufzubringen. Die Steg konnte als größtes selbständiges, privates Elektrizitätsversorgungsunternehmen Österreichs weiter bestehen. Ähnliches galt später für die Pichlerwerke in Weiz.

Schwerpunkte des Wiederaufbaus waren rund 42.000 Wohnungen, Fabriken, Straßen und Brücken (wie in Radkersburg über die Mur), der Flughafen Graz-Thalerhof und die Erschließung steirischer Bergregionen (eine Seilbahn auf den Hauser Kaibling und der längste Sessellift Österreichs auf die Tauplitz). Bereits 1949 förderte, einzigartig für Österreich, das Land auf gesetzlicher Basis den Tourismus. Ab 1951/52 wurden die Westdeutschen wiederum die größte Gästegruppe der Steiermark. Das Auto wurde das Transportmittel für den Urlaub, die Bahn hatte seither das Nachsehen.

Die technische und wirtschaftliche Entwicklung der Nachkriegszeit bedeutete für die Menschen in der steirischen Land- und Forstwirtschaft eine völlige Umorientierung: eine marktwirtschaftliche Ausrichtung und Anpassung an die industrielle Konsumgesellschaft. Die Mechanisierung, der Traktor, kam bald auf jeden Hof, die Spezialisierung, Monokulturen, riesige Kartoffel-, später Maisfelder. Die Intensivbewirtschaftung, mehr und mehr Kunstdünger und Spritzmittel sollten ständig höhere Ernten bringen. Eine starke Abwanderung setzte ein. Bald blieben nur noch die engsten Familienangehörigen auf dem Hof. Der Anteil der landwirtschaftlichen Produktion an der gesamten Wertschöpfung sank kontinuierlich und damit ging die ökonomische Bedeutung des gesamten Standes zurück. Dazu kam ein enormer Preisdruck bei etwa gleich bleibendem Einkommen. Eine ständig sich weitende Preis- und Einkommensschere war die Folge.

Fast die Hälfte aller steirischen Landwirtschaften hatten weniger als fünf Hektar Fläche, waren also mehr Keuschler als Bauern, dazu kamen die zahlreichen Alm- und Bergbauernbetriebe, die zunehmend vor der Abwirtschaftung standen und mit zur strukturellen Schwäche der steirischen Landwirtschaft beitrugen. Um das „Bauernsterben" abzufedern, sollte gegengesteuert werden: Durch den Ausbau des landwirtschaftlichen Bildungswesens, landwirtschaftliche Radiosendungen, die kostenlose Zusendung der „Landwirtschaftlichen Mitteilungen", durch kostenlose Fachbücher, die Gründung der „Steirischen Landjugend" 1949 (nach dem Muster des amerikanischen „4-H-Clubs"), die Aufwertung der Stellung der Bäuerin am Hof, durch Erleichterungen der Frauenarbeiten am Hof, die Gründung und Wiederbelebung von Genossenschaften (wie der „Steirischen Viehverwertungsgenossenschaft"), durch Molkereien, Raiffeisenkassen und viele andere Maßnahmen für Waldbauern, den Obstbau oder die Gemüsebauern.

Gesellschaft, Kunst und Kultur

Die Nachkriegsgesellschaft kennzeichnete einerseits ein starker Wille zur Zusammenarbeit über die Risse der Vergangenheit hinweg, eine große Leistungsbereitschaft zum materiellen Wiederaufbau, eine starke Suche nach Trost in der Religion, andererseits aber auch gegenseitiges Misstrauen und Tendenzen zur Vergeltung von begangenem Unrecht.

Der demokratische Grundkonsens kam daher nur unter zweifachem Druck zustande: Unter dem Druck der Besatzer und unter dem Druck der historischen Erfahrung der dreißiger Jahre, auf deren geistigen und materiellen Trümmern der Wiederaufbau begonnen wurde. Die Briten leisteten in der Steiermark einen wesentlichen Anteil am Aufbau einer demokratischen Gesellschaft, wobei sie den Steirern ihren „britischen Weg" offerierten.

Mit der Wiedereröffnung des Grazer Schauspielhauses, zweieinhalb Wochen nach dem Einmarsch von Truppen der Roten Armee, des Opernhauses Ende Juni 1945, sowie der Universität im Wintersemester 1945/46, mit der Herausgabe steirischer Tageszeitungen und der Buchherstellung begann im Land wieder der eigentliche Kulturbetrieb.

Unter den zahlreichen Bereichen der Kultur nahm in der Steiermark die Literatur einen besonderen Platz ein. Sie wurde zunächst im Großen und Ganzen von jenen Autoren geprägt, die bereits seit den 20er Jahren, insgesamt jedenfalls während des Ständestaates und/oder während des „Dritten Reiches" die Literaturszene im Land beherrschten. Der österreichische PEN-Club, der eine „antifaschistische Gesinnung" als Aufnahmebedingung formuliert hatte, machte bald Ausnahmen: Franz Nabl wurde 1948, Max Mell 1951 und ein Jahr später sogar Friedrich Schreyvogl PEN-Club-Mitglied.

Bereits 1945 hatte sich ein großer Teil der steirischen Schriftsteller im „Steiermärkischen Verband demokratischer Schriftsteller und Journalisten" unter Robert Michael Raffay konstituiert. Der Verband, der bald 300 Mitglieder zählte, wurde 1949 unter Otto Hofmann-Wellenhof und Grete Scheuer umstrukturiert. Hofmann-Wellenhof rief über Radio Graz zu Spenden für notleidende steirische Autoren auf, Scheuer organisierte im Grazer Heimatsaal Benefizlesungen. 1950 wurde der Verband in „Steirischer Schriftstellerbund" (SSB) umbenannt.

Künstlerhaus und „Forum Stadtpark":
Signale des Richtungswechsels in der Kunst

Die Kunst nach 1945 prägten im Lande drei entscheidende Ereignisse. Die geistige, lange Defizite aufholende Aufbruchsstimmung durch das Ende der NS-Herrschaft und des Zweiten Weltkriegs, der Bau des Künstlerhauses, durch den die bildende Kunst einen weithin sichtbaren Ort am Eingang zum Stadtpark besetzen konnte und die Gründung des „Forum Stadtpark".

Die geistige Aufbruchsstimmung und die Zulassung der bis 1945 verbotenen Vereinigungen war kein steirisches Spezifikum. Anders die Eröffnung des Künstlerhauses und die Initiative zur Einrichtung des „Forum Stadtpark", weil der Landeshauptstadt bis dahin – trotz Bemühungen der Kunstverbände in den zwanziger Jahren – Labors dieses Zuschnitts gefehlt hatten. Erst 1949, unter Leo Scheu als Präsident des Künstlerbundes, übernahm Landeskulturreferent Udo Illig die Idee. Das Künstlerhaus wurde der einzige fertig gestellte Neubau für die bildende Kunst in Graz im 20. Jahrhundert.

Hatte das 1952 eröffnete Künstlerhaus vor allem zur Präsenz der traditionellen Künstlervereinigungen in der urbanen Landschaft beigetragen, so stand die Gründung des „Forum Stadtpark" für einen grundsätzlichen künstlerischen Richtungswechsel.

Für das politische Kabarett war im Nationalsozialismus kein Platz gewesen. Nach Kriegsende blühte es wieder auf. Schon im November 1945 wurde in Graz der „Igel" eröffnet. Eine Kleinkunstbühne im ersten Stock des Cafés „Rheingold" um Franz Paul, der schon in der Zwischenkriegszeit in Wien in der Szene einschlägig bekannt geworden war. Fritz Muliar und Heinrich Trimbur waren mit von der Partie. Es folgten Erika Bayer, Liane Forest oder Hans Kraßnitzer. Das Feuerwerk von perfekt in Szene gesetzten Sketches lockte tausende Grazer in den „Igel", die Säle waren praktisch ununterbrochen ausverkauft. Dort konnte man über all jene Witze und „Schmähs" herzhaft lachen, für die man während der NS-Zeit mit Verfolgung hätte rechnen müssen.

Doch der „Igel" blieb mit seinen Stacheln in Graz nicht allein: Studenten um Walter Koschatzky (dem späteren „Albertina"-Direktor"), Ulrich Baumgartner oder Rudolf Kellermayr (dem späteren Direktor des Akademischen Gymnasiums) gründeten das „Grazer Hochschulstudio", im Jahre 1946 schließlich das „Studentenbrettl" in der Leechgasse. Den Studenten ging es dabei nicht nur um Theater, sondern auch darum, den ungeheuren literarischen Nachholbedarf zu stillen: Regelmäßige Lesungen von während der Nazi-Zeit verbotenen Autoren wurden zu einer wichtigen Einrichtung.

Katholische Kirche:
Aufbruch der Laien
Kaum jemals zuvor hatten die Kirchen des Landes einen so starken Zulauf, wie in den ersten Nachkriegsjahren. Viele in der NS-Zeit „gottgläubig" gewordenen, traten wieder in die Kirchen ein, andere hatten in der Religion einen letzten Halt im Durchleben von Leid und Trauer erfahren.

Bischof Pawlikowski und der Klerus von 973 Priestern (1950) waren die einzige breit akzeptierte, moralische Autorität, die – trotz aller Bruchlinien – Kontinuität bewahrt hatte und diese darstellen konnte. Pawlikowski, aufgrund persönlicher Affären und auch innerkirchlich – etwa im eher gespannten Verhältnis zu Weihbischof Pietsch – unter Druck gekommen, resignierte allerdings 1953 und wurde zum Titular-Erzbischof von Velebusdo ernannt. An seine Stelle trat der Niederösterreicher Josef Schoiswohl.

Im Zentrum der Katholischen Kirche des Landes stand der Aufbruch der Laien, der sich in einer starken „Katholischen Aktion" (KA) oft im Gegensatz zum CV zeigte. Der KA gelang es, interessante Persönlichkeiten des öffentlichen Lebens zu integrieren, die auch Strahlkraft weit über die Kirchenmauern hatten. Unter ihnen vor allem Hanns Koren oder Pater Ludwig Reichenpfader.

Die Absichtserklärungen der österreichischen Bischöfe unmittelbar nach Kriegsende, den Klerus aus der aktiven Politik herauszuhalten, stellte zwar eine Absage an den politischen Katholizismus alten Stils dar, sollte jedoch keinesfalls als Aufruf zum Verzicht der Katholiken auf die Beteiligung am öffentlichen Leben verstanden werden.

Das „Mariazeller Manifest" von 1952, im Rahmen einer Studientagung als Vorbereitung auf den österreichischen Katholikentag verfasst, stellte die bekannteste und sicher eine der prägnantesten Formulierungen der Vision eines parteiunabhängigen Katholizismus dar. An der Frage der konkreten Gestaltung des Verhältnisses von KA und ÖVP schieden sich die Geister. Die Lücke zwischen Theorie und Praxis konnte erst im Verlauf der Zweiten Republik allmählich geschlossen werden.

Eine wichtige Basis für den Erfolg der KA in der Steiermark war ihre Förderung durch Bischof Schoiswohl. Sofort nach seinem Amtsantritt versuchte er den Ausbau der KA zu beschleunigen, wie er dies zuvor im Burgenland getan hatte. Ins bischöfliche Palais zogen die Gruppen der KA ein, Weihbischof Pietsch wurde Generalassistent der KA, Josef Krainer jun. ihr Generalsekretär. Schoiswohl selbst machte, nicht immer zur Begeisterung der Pfarrer, den Stand der KA bei den Visitationen zu einem zentralen Thema.

Wissenschaft: Junge Forscher ins Ausland

Die steirischen Hochschulen öffneten im Juni 1945 mit einem zweimonatigen Übergangssemester wieder ihre Pforten und führten die Rechtsverhältnisse der Ersten Republik wieder ein. Improvisation war freilich auf Schritt und Tritt notwendig. Es fehlte an Lehrenden, nahezu alle waren NS-Parteimitglieder geworden. Die Emigranten waren außer Landes, die Aufrufe zur Rückkehr erreichten sie nicht oder fanden aufgrund der Erfahrungen kein Gehör mehr. Die Theologische Fakultät wurde wiederhergestellt. Noch 1946 waren dreißig Lehrstühle unbesetzt. Im Hauptgebäude der Universität hatten sich sowjetische Truppen einquartiert, das „Studentenhaus" Leechgasse war demoliert. Noch bevor an Vorlesungen und Übungen zu denken war, halfen Professoren, Assistenten und Studenten gemeinsam bei den Aufräumungsarbeiten. 200 Studenten der Grazer Universität arbeiteten zwei Monate lang freiwillig in der weststeirischen Kohle und förderten 900 Tonnen für die Universität.

Eine der ersten Maßnahmen im Frühsommer 1945 war die Bestellung neuer akademischer Funktionäre.

Der Landeshauptmann bestellte den Juristen Karl Rauch zum Rektor der Universität, den Mathematiker Bernhard Baule zum Rektor der Technischen Hochschule und den Hüttenmann Franz Platzer zum Rektor der Montanistischen Hochschule in Leoben.

An der Universität Graz waren die personellen Veränderungen zahlenmäßig gravierend: Im Mai 1946 wurden von den 175 Professoren und Dozenten der Universität 70 Prozent entlassen. Weniger drastisch fielen die Maßnahmen an der Technik und an der Montanistik in Leoben aus, so dass dort eine größere Kontinuität des Personalstandes herrschte. Generell verblieben an allen Hochschulen ehemalige NS-Mitglieder, jedoch nur unter ganz bestimmten Bedingungen, namentlich wenn kein Ersatz vorhanden war und sich die jeweiligen NS-Aktivitäten auf die bloße Parteimitgliedschaft beschränkt hatten.

International beachtete Glanzlichter der steirischen universitären Nachkriegsforschung waren die Erfolge in der Röntgenkleinwinkelforschung (Otto Kratky), die Ergebnisse der angewandte Geologie (Karl Metz), die Forschungen zur Pulvermetallurgie (Gustav F. Hüttig), die Eiszeitforschungen in steirischen Höhlen durch das Joanneum mit der Entdeckung der Repolusthöhle (Maria Mottl), die geologischen Geländeaufnahmen, die Etablierung einer Grazer Physiker-Elite durch Otto Burkard sowie die archäologischen Grabungen in Ephesos.

Einladungen junger steirischer Wissenschaftler ins Ausland, vor allem in die USA (wie Siegfried Bauer oder Willi Nordberg, die den internationalen Ruf der Grazer Physik weiter verbreiteten), folgten. Entsprechende Fondsmittel, vor allem aus dem ERP-Bereich und von der Rockefeller-Stiftung, konnten dazu ebenfalls herangezogen werden.

Bald jedoch kehrte das wissenschaftliche Alltagsleben trotz häufiger, widriger äußerer Umstände wieder ein. 1946 knüpfte die Universität mit dem Vortrag des Nobelpreisträgers Alexander Fleming symbolisch an die Internationalität der Wissenschaft an. Mehrere Fachtagungen folgten, so 1946 die „Erste Österreichische Volkskundetagung", 1952 die „Internationale Tagung für Anthropologie und Ethnologie", der „Dritte Österreichische Historikertag" vereinte 1953 in Graz an die 600 Gelehrte. 1955 versammelten sich zur „22. Tagung der Deutschen Physiologischen und der Deutschen Pharmakologischen Gesellschaft" 800 Teilnehmer.

Land am „Eisernen Vorhang"

Politik

Die Steirer hatten ihre Erfahrungen mit dem Nationalsozialismus und in der Folge mit den Besatzern gemacht. Man war einmal mehr, dann weniger, letztlich aber doch nicht Herr im eigenen Hause gewesen. Nun, nach dem Abschluss des österreichischen Staatsvertrages im Mai 1955 fühlte man sich von Bevormundungen „frei", konnte sein Schicksal selbst in die Hand nehmen. Allerdings blieb das Land weiterhin in einer Randlage: „Eiserner Vorhang", die Grenze zum kommunistischen Tito-Jugoslawien. Sie aufzubrechen, wurde ein vorrangiges Ziel steirischer Nachbarschaftspolitik.

Im Inneren sollten Fehler, die in der Ersten Republik zur totalen Spaltung der Gesellschaft geführt hatten, vermieden werden. Gemeinsamkeit sollte die Landespolitik prägen. Fragt man nach den Charakteristika der „langen fünfziger" und sechziger Jahre, so lassen sich folgende hervorheben:

- Bis 1968 gab es keine gesellschaftliche Revolution. Wirtschaftswunder, Aufbau, Marktwirtschaft, Fortschritt, Sozialpartnerschaft und Leistungsbereitschaft prägten die politischen Denkmuster der Parteien. Der Aufschwung konnte auch glaubhaft vermittelt werden: Das erste Motorrad, das erste Auto, die Garage als Zubau zum Einfamilienhaus, die erste Waschmaschine für den Haushalt, der erste Urlaub an der Adria.
- Das Dreiparteiensystem der Steiermark von ÖVP, SPÖ und VdU (ab 1956 FPÖ), dominierte die Volks-

partei mit Josef Krainer und dem Kulturpolitiker Hanns Koren in relativer Akkordierung mit den steirischen Sozialisten. Das Dreieck setzte die wesentlichen Akzente steirischer Politik nach Innen, nach Außen und in der Kultur.
- Die Bewährungsprobe in der Ungarnkrise 1956, als etwa 16.000 Menschen ins Land flüchteten, wurde exzellent bestanden. Eine deutliche Abkehr von der Engstirnigkeit der Zwischenkriegsjahre. Ein offenes Klima der Toleranz und Hilfsbereitschaft zeichnete sich ab. Unter den Geflüchteten waren u.a. die ungarische Eiskunstlaufmeisterin Nadine Szilassy und zahlreiche Studenten, die hier ihr Studium abschlossen, wie der Architekt Jenö Molnar, die Ärzte Judith Bärnthaler, Bela Farkas (Stolzalpe), Jenö Molnar oder Laszlo Sedlak oder der Bibliothekar Tibor Laky. Andere folgten noch Jahre später, wie der spätere Verwaltungsdirektor der Vereinigten Bühnen, Thomas Tarjan. Viele wurden ein Teil der steirischen Nachkriegsgesellschaft, die Anfang der 2000er Jahre multikulturell wurde.
- Die Industrialisierung verstärkte die Unterschiede zwischen den Grenzland- und Agrarregionen und der industrialisierten Obersteiermark. Diese Regionen wurden auch die wichtigsten Rekrutierungsfelder von Volkspartei und Sozialisten. Über ihre Netze von Vorfeldorganisationen, Genossenschaften und verstaatlichten Betrieben stellten sie den Menschen Arbeit, Wohnungen und Kindergärten zur Verfügung. Im Gegenzug erwarteten sie sich Wählerstimmen, so dass die Wählerströme relativ konstant blieben. Die derart „Versorgten" wurden aber auch unmobil und unflexibel, ein entscheidender Nachteil in der Rezession der siebziger Jahre.

- Die avantgardistische Kulturpolitik Korens, obwohl zuerst vielfach abgelehnt, wurde Teil der steirischen Identität als einer Symbiose von Weite, Enge und Tiefe, von Tradition und Moderne.
- In den siebziger Jahren positionierte sich die steirische Politik, unter Friedrich Niederl und Josef Krainer jun., weiterhin von der ÖVP bestimmt, gegen Wien, wo mit Bruno Kreisky erstmals ein Sozialist eine Alleinregierung führte.
- Die vielfache Zusammenarbeit der beiden Großparteien (etwa im Umwelt- und Sozialbereich, Semmeringtunnel oder in einem gemeinsam beschlossenen „Spitalsplan") wurde mit den Obmannwechseln in den Parteien (Josef Krainer jun. und Hans Gross, später Peter Schachner-Blazizek) fortgesetzt, erlitt jedoch Bruchstellen: Das Volksbegehren gegen die Stationierung von „Draken"-Abfangjägern des Bundesheeres wurde von der SPÖ nicht mitgetragen.

Parallel zur Ungarnkrise 1956 war ein Parteienstreit über den Zeitpunkt der Landtagswahlen entbrannt. Wie der Nationalrat, so sollte auf Wunsch der SPÖ auch der Landtag vorzeitig für die ersten Neuwahlen „in Freiheit" aufgelöst werden. Krainer, gerade in den USA, wollte das keinesfalls, unterbrach seinen Amerikabesuch, eilte zurück nach Graz und setzte sich gegen die SPÖ, aber auch gegen eigene Parteifreunde durch. Tatsächlich wurden in der Folge, bis auf die Wahl 1995, alle Landtagswahlen getrennt von Nationalratswahlen abgehalten. Das eigenständig „Steirische" sollte betont werden, vor allem jedoch hatte die steirische ÖVP bei Landtagswahlen meist bessere Ergebnisse als bei Nationalratswahlen. Das wollte man sich keinesfalls nehmen lassen. Genau aus den umgekehrten Gründen wollte die SPÖ die gleichzeitige Abhaltung beider Wahlgänge. Zudem wollten SPÖ und VdU den belasteten, ehemaligen Nationalsozialisten das aktive, den „Minderbelasteten" das passive Wahlrecht zurückgeben, um damit der ÖVP Stimmen wegzunehmen. Letztlich machte auch die ÖVP bei dieser Forderung mit.

Die ÖVP gewann die Landtagswahlen 1957 – nach einem „amerikanischen" Wahlkampf – mit 46,6 Prozent der Stimmen und 24 Mandaten. Doch konnte die SPÖ ihr Stimmenpotential vom Wahlerfolg 1953 noch einmal steigern und den Abstand zur ÖVP auf unter 20.000 Stimmen halten. Die FPÖ blieb deutlich hinter den VdU-Resultaten zurück und flog aus der Regierung. Erst mit dem Rückenwind der kommunalpolitischen Erfolge von Alexander Götz Anfang der siebziger, und der bundespolitischen Erfolge Jörg Haiders ab Mitte der achtziger Jahre, schaffte die steirische FPÖ wieder bessere Wahlresultate und schließlich den Einzug in die Landesregierung. Die ÖVP hatte mit fünf Landesräten auch die absolute Mehrheit in der Landesregierung. Neuer ÖVP-Landesrat für Kulturpolitik wurde, auch auf Druck des CV und der Katholischen Aktion, Hanns Koren. Die SPÖ konterte bei den Bundespräsidentenwahlen 1957, als Adolf Schärf erfolgreich kandidieren konnte.

Den Reformen der steirischen Landesverfassung (Einführung eines Landesrechnungshofes, einer Landesbürgerschaft) folgten in den sechziger Jahren noch die Erhöhung der Zahl der Landtagsabgeordneten von 48 auf 56 und die Verlängerung der Legislaturperiode von vier auf fünf Jahre. 1969 wurde das aktive Wahlalter auf 19, das passive auf 24 Jahre herabgesetzt.

Wirtschaftlich ging es bergauf, wenn man auch dem österreichischen Durchschnitt nachhinkte. Die

„tote" Grenze zu Jugoslawien, der „Eiserne Vorhang" gegenüber Ungarn und die Randlage zum deutschen Raum können als Gründe angeführt werden. Im Zuge des Wiederaufbaus, der die Binnennachfrage enorm steigerte, und der Wirkung der nicht rückzahlbaren, enormen Gelder des US-Marshallplans, sprang die Konjunktur im Lande an. So konnten beachtliche Akzente gesetzt werden, steirische Identitäten: Das „Linz-Donawitz-Stahlverfahren" machte die obersteirische Stahlindustrie weltweit bekannt, der Kleinwagen „Puch 500", eine Produktion von Steyr-Daimler-Puch und Fiat lief ab Jänner 1958 in Graz-Thondorf in einer Serie von 1000 Stück pro Monat vom Band.

Die Gründung des „Forum Stadtpark" bereitete den Boden für eine Künstler-Avantgarde in Literatur, Malerei und Architektur, die im Zuge des „Erzherzog Johann Jahres 1959" geschickt in ein Spannungsverhältnis zu diesem großen Reformator und damit zu steirischer Tradition gestellt wurde.

Den Bonus des Aufschwungs, wenn auch von einem niedrigen Niveau aus, versuchte die ÖVP, die ja seit 1957 absolute Regierungsverantwortung trug, im Landtagswahlkampf 1961 auszuspielen und die Person Krainers in den Mittelpunkt zu rücken. Die SPÖ, nun mit dem neuen Spitzenkandidaten Alfred Schachner-Blazizek, trat heftig dagegen auf. SPÖ-Vordenker Rupert Gmoser: „Allein der Sozialismus hat den Menschen eine Zukunft ohne Angst und ohne Hunger in Frieden und Freiheit zu bieten". Nebenbei warf man Krainer vor, er hätte sich 1945 unter den Schutz der Tito-Partisanen gestellt, was dieser empört zurückwies.

Das Wahlergebnis 1961: Gewinne für die ÖVP, starke Verluste für die SPÖ, die rund 15.000 Stimmen und ein Mandat an die KPÖ verlor; ein leichtes Plus für FPÖ und KPÖ, die wieder in den Landtag einzog. In der Landesregierung behielt die ÖVP ihre absolute Mehrheit. Und es gab nur einen Personalwechsel: Anstelle des populären Murauer Landesrates Karl Brunner, der Landtagspräsident wurde, kam Parteisekretär Franz Wegart in die Regierung. Die Wahl Krainers am 11. April 1961 war eine reine Formsache. Denn die eigentliche Überraschung fand in Graz statt. Hier wurde die SPÖ erstmals von der ÖVP überholt.

Der Aufbruch, den die neue Generation in den USA mit John F. Kennedy vollbrachte, die kritische Hinterfragung alter Werte, ihre Infragestellung und Überwindung, fand noch keine Entsprechung im Land. Die „langen" Fünfziger hielten in der Steiermark auch noch lange in den Sechzigern an. Die steirische Politik beherrschten nahezu ausschließlich Themen der österreichischen Innenpolitik: Habsburg-Krise, Olah-Krise in der SPÖ (die mit dem Parteiausschluss und einer Verurteilung des populären ÖGB-Präsidenten und Innenministers endete), Rundfunk-Volksbegehren, zu dessen Speerspitze die „Kleine Zeitung" mit Fritz Csoklich gehörte, sowie der Föderalismus-Streit („Fussach"), der dem sozialistischen Verkehrsminister Otto Probst und der SPÖ besonders außerhalb Wiens schwer schadete.

Farbe in die Tristesse der großkoalitionären Politik anfangs der sechziger Jahre brachte ein Kuriosum in Graz: Der „Fall Brandweiner". Der Kirchen- und Völkerrechtler Heinrich Brandweiner, „Lenin-Preisträger", behauptete, die Amerikaner hätten im Koreakrieg 1950/51 „Pestflöhe" eingesetzt. Dazu war er immer wieder mit Pro-DDR-Stellungnahmen aufgefallen, was den Antikommunismus im Lande weiter stärkte. Schließlich wurde Brandweiner 1962 wegen angeblicher Unre-

Steirische Nachbarschaftspolitik: Krainer begann das Gespräch über die ideologische und politisch-militärische Grenze mit Jugoslawiens Staatspräsident Tito. Die gemeinsame Eröffnung der Murbrücke in Radkersburg war sein Erfolg und mehr als ein Symbol für die beginnende Öffnung der Südgrenze.

gelmäßigkeiten bei Prüfungen an der Universität vom Dienst suspendiert.

Mit Gorbach saß ab 1961 zum ersten Mal ein Steirer als Regierungschef in Wien. Er versuchte eine Aufwertung der Länderrechte, was der ÖVP 1962 auch einen deutlichen Erfolg bei den vorgezogenen Nationalratswahlen (wegen Rivalitäten zwischen Gorbach und Josef Klaus auf ÖVP-, sowie zwischen Olah und Pittermann auf SPÖ-Seite) bescherte. Dennoch begann in der ÖVP eine Reformergruppe um Klaus, der auch Krainer angehörte, Stimmung gegen Gorbach zu machen, was im September 1963 in Klagenfurt zur Ablöse Gorbachs als Bundesparteiobmann durch den Kärntner Klaus und schließlich zur Übernahme der Kanzlerschaft durch diesen 1964 führte. Die Große Koalition war jedoch bereits in Agonie, der Wunsch nach einem politischen

Wechsel wurde immer stärker, wobei die ÖVP personell und programmatisch die besseren Karten hatte.

Die steirische ÖVP setzte als eine der ersten den Wählertrend um. 1965 erreichte sie bei den Landtagswahlen im vergrößerten Landtag wieder die absolute Mandatsmehrheit, vor allem in Graz auf Kosten der SPÖ. Neu in die Landesregierung kam an Stelle des wenige Wochen vor der Wahl verstorbenen Ferdinand Prirsch der Feldbacher Bezirkshauptmann Friedrich Niederl. Bei der Nationalratswahl 1966, die mit einer absoluten Mehrheit für die ÖVP unter Klaus endete, setzte die steirische Volkspartei noch eins drauf und erreichte mit 49,7 Prozent der Stimmen ihr bestes Ergebnis bei Nationalratswahlen.

„Heraus aus der Randlage!"
Steirische Politiker, allen voran Krainer, erkannten die Chancen, die sich für das Land an der Südgrenze durch die zögerliche Aufweichung des KP-Kurses unter Tito in Jugoslawien boten: Wirtschaftlich, kulturell und politisch. Daher setzte die Steiermark vor allem mit Krainer, Koren (später Kurt Jungwirth) und Landesamtspräsident Alfons Tropper auf eine gezielte Grenzlandförderung für die südlichen Bezirke des Landes und eine neue Nachbarschaftspolitik gegenüber dem jugoslawischen und ungarischen Raum („Steirische Akademie", Regelung für Doppelbesitzer, ständige Regionalkommission mit der jugoslawischen Teilrepublik Slowenien, die Dreiländerbiennale „trigon" (auch mit Italien), mit Ungarn und Kroatien das „Mogersdorf Symposion" sowie die Zusammenarbeit im Bereich „Alpen-Adria", basierend auf universitären Initiativen.

Außerdem forcierte Krainer über die Beteiligung an der Europäischen Freihandelszone (EFTA) hinausgehend, eine Hinwendung zur Europäischen Wirtschaftsgemeinschaft (EWG). Der Aphorismus Krainers „Verhungern in der Neutralität" war keineswegs bloße Rhetorik in einem innerparteilichen Konflikt mit Bundeskanzler Raab, sondern entsprang der Befürchtung, die Steiermark könnte den Zug nach Europa verpassen, der eine Hoffnung auf ein Herauskommen aus der Randlage am „Eisernen Vorhang" war. Krainer und seine Ratgeber hatten die Chance der Steiermark erkannt, eine kleine Brücke zwischen den Blöcken bilden zu können. Äußere Zeichen der steirischen außenpolitischen Bemühungen waren 1960 Kurzvisiten des persischen Schah Reza Pahlavi, des sowjetischen Parteichefs und Ministerpräsidenten Nikita S. Chruschtschow, 1969 der Besuch von Queen Elisabeth II. in Graz und Piber, sowie vor allem 1967 der Besuch Titos in Graz und die mehr als symbolträchtige Eröffnung der neuen Grenzbrücke über die Mur in Radkersburg 1969 mit Krainer, Tito und Bundespräsident Franz Jonas.

Die 68er-Bewegung

Der Protest der vornehmlich jugendlichen, urbanen österreichischen und steirischen 68er-Bewegung hing mit den gesellschaftspolitischen und kulturellen Entwicklungen in den USA, der „Dritten Welt" und Westeuropa zusammen. Der Aufbruch in den USA mit den Kennedy-Brüdern, Martin Luther King, das II. Vatikanum, das die „Fenster" der Kirchen öffnete, Mao Tse Tung, Che Guevara, Ho Chi Minh und selbst das sowjetische „Tauwetter" unter Chruschtschow, standen für den Aufbruch. Lyndon B. Johnson, Charles de Gaulle, Breschnjew und Paul VI. galten als Inkarnation der alten Ordnung, die ihre Soldaten nach Vietnam und Kambodscha schickte, die Anti-Baby-Pille verbot, den „Prager Frühling" 1968 niederkämpfte, die „Dritte Welt" ausbeutete und die Afroamerikaner in Amerika unterdrückte. Der Protest war jedoch auch selbständig und genuin, als er sich gegen ideologische und politische Kontinuitäten in der Kunst und Politik richtete, die Rolle der Väter im „Dritten Reich" hinterfragte und das „konservative Paradigma" der „langen fünfziger Jahre" aufbrach.

In Graz fungierte die 1965 vom ÖH-Vorsitzenden Gerfried Sperl gegründete „Aktion" als nonkonformistische aufklärerische Studentenpartei und als Sammelbecken für politisch verschieden ausgerichtete Gruppierungen: Gemäßigte Linke, Liberale und nicht zuletzt katholisch Orientierte fanden hier eine politische Heimat und eine Alternative zu den schon etablierten Fraktionen. Der Erfolg der „Aktion" mit Matthias Wabl, Bernd Schilcher und Helmut Strobl zeigte sich erstmals bei den ÖH-Wahlen in Graz im Jänner 1967. Herbert Sebastian (VSStÖ), Sohn von Landesrat Adalbert Sebastian, verlagerte die Agitation auf die Straße. Etwa durch den Schweigemarsch der griechischen Studenten mit Beteiligung von Herbert Sebastian und Fritz Auer vom VSStÖ gegen den Putsch des autoritären Militärregimes in Griechenland im April 1967. Der größte Teil der Bevölkerung reagierte allerdings besonders bei Demonstrationen gegen den Vietnamkrieg und für studentische Hochschulanliegen ablehnend.

Krainer gelang es, einige Aktionisten wie Strobl, der dreimal festgenommen wurde, Sperl, Wolfgang Pumpernig, Sohn eines ÖVP-Politikers, und Schilcher für

Sebastian gratuliert Niederl zur Wahl zum Landeshauptmann 1974. Links: Franz Feldgrill und Franz Wegart, rechts: Josef Gruber.

die ÖVP zu gewinnen und versprach sich von ihnen einen Brückenschlag zu jugendlichen Wählern und in die liberalen Kreise.

Ein Jahr später war die Protestbewegung öffentlich nur noch schwach wahrnehmbar. Die Reformen an den Hochschulen (Abschaffung der „Ordinarien-Universität", neues Organisationsgesetz und Aufwertung von Studenten und „Mittelbau"), in der Justiz, im Strafrecht, im Familienrecht und die gesellschaftlichen Veränderungen der Kreisky-Jahre ab 1970 zeigten jedoch noch deutliche Konturen der 68er-Forderungen.

Erfolgreicher als die studentische Auflehnung zeigte sich der Protest in der steirischen Kunst, die sich in einem regelrechten Aufbruch befand: Literatur, Architektur, Jazz und erstmals der „steirische herbst" stellten Graz in die Auslage der Avantgarde. Dazu kam die Etablierung der Frauen-, Ökologie-, Anti-Atom- und Grünen-Bewegungen. Zu den Folgen der 68er-

Bewegung gehörten aber auch die Reformarbeiten der steirischen Parteien in den Denkwerkstätten „Modell Steiermark" (ÖVP), „Steirische Alternativen 2000" (SPÖ) und „Formel Steiermark" (FPÖ).

Die Krisen der siebziger Jahre

Die siebziger Jahre führten infolge der „68er-Bewegung" zu einer das Land prägenden kulturellen Vielfalt, infolge der weltweiten Rezession (Erdölkrisen) jedoch zu einem weiteren wirtschaftlichen Nachhinken. Die Krise der obersteirischen Industrie ging bald als Gespenst einer Krise des ganzen Landes um. Die Anti-Wien-Positionierungen von ÖVP und FPÖ hatten dabei den Weg aus der Sackgasse nicht erleichtert.

Daher beherrschten vor allem Wirtschaftsthemen die Landespolitik: Die Wirtschaftskrise in der Obersteiermark, die tausende Arbeitsplätze gefordert und zu enormen sozialen und schließlich politischen Auswirkungen geführt hatte (starke Abwanderung von SPÖ-Wählern zur FPÖ ab Mitte der achtziger Jahre), die regionale Nachbarschaftspolitik über die Grenzen des „Kalten Krieges" in der Region „Alpen-Adria", die verkehrsmäßige Anbindung des Landes über die Süd- und Pyhrn-Autobahn in Richtung Wien und Süddeutschland, wichtige Umweltstandards (Raumordnungsgesetz 1974 mit verpflichtenden Flächenwidmungsplänen), die Sanierung der Mur, die Voraussetzungen für Natur- und Nationalparks, eine verstärkte Wohnbauförderung für junge Familien („Niederl-Plan").

Nur zwei Wochen nach der Nationalratswahl waren für den 15. März 1970 in der Steiermark Landtagswahlen angesetzt. Der Wahlsieg Kreiskys, der Rücktritt von Klaus und die Auswirkungen der 68er-Bewegung zeigten eine deutliche Bewegung weg von der ÖVP in Richtung SPÖ. Ein letztes Mal konnte Krainer den Trend umdrehen, die Verluste für die ÖVP in Grenzen halten und vom Landtag wiederum zum Landeshauptmann gewählt werden. Neues Regierungsmitglied wurde nach Hanns Koren, der auf die Position des Landtagspräsidenten wechselte, der Mittelschullehrer Kurt Jungwirth.

Die steirische SPÖ, die den Anti-Wien-Kurs der steirischen ÖVP schon aus Parteiräson nicht mittragen konnte, verlor in den siebziger Jahren bei allen wichtigen Wahlen. Die steirische ÖVP konnte sich hingegen mit einer mitunter auch gegen die eigene Bundespartei gerichteten Politik, die bis zu Abspaltungsdrohungen ging, als deutlich erste Kraft im Lande behaupten.

Auffallend und signifikant für das steirische politische System war in den siebziger Jahren die politische Entwicklung und der relative Aufstieg der FPÖ, besonders in Graz unter Götz, und die langsame Etablierung der Grünen.

Der Tod von Landeshauptmann Krainer am 28. November 1971 schockte das Land und besonders die steirische ÖVP und verursachte zunächst ein politisches Vakuum. Krainer hinterließ ein kurzes politisches Testament mit einem klaren personellen Wunsch. Diesem folgend wurde Niederl am 10. Dezember 1971 Landeshauptmann und 1972 auch Parteiobmann. Dr. Josef Krainer jun., inzwischen auch ein Hoffnungsträger der Bundes-ÖVP und Abgeordneter zum Nationalrat, wurde geschäftsführender Parteiobmann und kehrte in die Steiermark zurück. Franz Wegart, der sich auch Hoffnungen auf die Krainer-Nachfolge gemacht hatte, wurde Niederls Stellvertreter in der Regierung, Franz

Hasiba übernahm die Grazer Stadtpartei. Niederl, parteiintern zunächst als Übergangskandidat angesehen, gewann in der Bevölkerung jedoch zunehmend an Popularität und erreichte 1974 das beste Landtagswahlergebnis der steirischen ÖVP in der Zweiten Republik.

Während die Bundes-ÖVP nach dem Ausscheiden aus der Regierungsverantwortung 1970 kaum aus der Defensive herauskam, ging man auf Landesebene in die Offensive, eröffnete 1972 mit dem „Krainer-Haus" ein eigenes Bildungszentrum und setzte das „Modell Steiermark" um, womit man die politische Entscheidungsfindung versachlichte und langsam von der Gefühlsebene abging. Auf kommunaler Ebene entwarf man dazu das Stadterneuerungskonzept, mit dem die Grazer Stadtpartei unter Hasiba 1973 ein beachtliches Wahlergebnis einfuhr und Hasiba unter Götz Vizebürgermeister wurde (im Abtausch mit Klagenfurt, wo Leopold Guggenberger, ÖVP, Bürgermeister wurde).

Wahlniederlagen der SPÖ

Den Windschatten der SPÖ-Erfolge im Bund konnten die steirischen Sozialisten kaum nützen. Weder ihr mit Künstlern, Wissenschaftlern und Experten hervorragend besetzter Think Tank „Leitlinien für die Steiermark", noch der neue Spitzenkandidat Sebastian schafften es, die ÖVP-Mehrheit im Land zu brechen. Im Gegenteil: 1973 ging nach fast 30 Jahren die Position des Grazer Bürgermeisters verloren (vor allem wegen der geplanten Trassenführung der Pyhrn-Autobahn durch das westliche Stadtgebiet und den Beginn der auch von Götz unterstützten Bürgerbewegung); 1974 war die Landtagswahl trotz des günstigen Bundestrends (Kirchschlägers Sieg bei den Bundespräsidentenwahlen) für die SPÖ ein Desaster: Minus drei Mandate und 12 Prozent Abstand zur ÖVP. Die Position des Landeshauptmannes war in weite Ferne gerückt. Sebastian bot seinen Rücktritt an, wurde aber von der SPÖ aufgefordert, zu bleiben. Bis in die achtziger Jahre hinein gelang es der SPÖ im Land nicht mehr, Tritt zu fassen, obwohl sie in Graz, nach Götz und Hasiba, mit Alfred Stingl wiederum einen populären Langzeitbürgermeister stellte.

Niederl setzte die außenpolitischen Akzente Krainers aus den sechziger Jahren fort, intensivierte die Beziehungen zum westungarischen Komitat Vas und zu Jugoslawien (Ausbau des kleinen Grenzverkehrs) und bahnte interregionale Beziehungen auf wirtschaftlichem, technischem und kulturellem Gebiet zur Region Friaul-Julisch-Venetien an. Im Herbst 1974 initiierten er und Krainer jun. eine „Arbeitsgemeinschaft der östlichsten Alpenländer", aus der vier Jahre später die „Arbeitsgemeinschaft Alpen-Adria" hervorging. Schließlich umfasste die ARGE 19 Regionen und über 40 Millionen Einwohner. Sie half beim Abbau von Vorurteilen und setzte in den jeweiligen Staaten gemeinsame Anliegen in der Verkehrs- und Wirtschaftspolitik durch. Bis zum Fall des „Eisernen Vorhangs" 1989 hatte die „ARGE Alpen-Adria" zudem Modellcharakter für ein größeres Europa, weil ihr Regionen aus NATO- und Warschauer-Pakt-Staaten sowie einem neutralen und einem blockfreien Staat angehörten. Mit der Öffnung des Ostens verlor die Institution Anfang der neunziger Jahre jedoch gänzlich an Bedeutung. Sie hatte ihre Aufgabe erfüllt, die Geschichte war über sie hinweg gegangen.

Die entscheidenden Rahmenbedingungen der Politik waren jedoch die Folgen der Wirtschaftskrisen 1973/74 und 1977, besonders die obersteirischen Industriezentren, oft als „Flaggschiffe" der steirischen Industrie bezeichnet, trafen. Aufträge ließen aus, Kurzarbeit begann, Arbeitskräfte wurden entlassen, auf Umschulungen geschickt oder frühpensioniert. Politisch traf die Krise zuerst die SPÖ, der Stammwähler abhanden kamen und die zunächst durch Konzentrationen den psychologisch falschen und für die steirischen Unternehmen schlechtesten Weg gewählt hatte. Erste Umstrukturierungen schlugen fehl: Kündigungswellen bei Puch, Schließung des Kohlenbergbaus in Fohnsdorf, der Papierfabrik in Niklasdorf und von Stölzle-Glas in Voitsberg. In den achtziger Jahren gingen in der Verstaatlichten etwa 9.000 und im Gewerbe und Dienstleistungsbereich nochmals rund 4.000 Arbeitsplätze verloren. 12.000 Menschen wanderten aus der obersteirischen Krisenregion ab und etwa 6.000 blieben arbeitslos.

Auf Bundesebene opponierte die steirische ÖVP Mitte vehement gegen Kreiskys „deficit spending"-Politik des Durchhaltens in der Krise und trat erfolgreich für Karl Schleinzer als ÖVP-Obmann ein. Als Schleinzer im Juli 1975 bei einem Autounfall bei Bruck/Mur starb, machte sich die steirische ÖVP für den Bankmanager Josef Taus stark, der allerdings bei den Wahlen gegen Kreisky nicht reüssieren konnte. Die SPÖ erreichte ihr bestes Wahlergebnis in der Zweiten Republik. Nach dem Rücktritt von Taus 1979, wurde der Niederösterreicher Alois Mock ÖVP-Bundesparteiobmann.

1978, als Kreisky seine erste schwere innenpolitische Niederlage bei der Zwentendorf-Volksabstimmung bezog, Götz am Zenit seiner Karriere stand und die Grün-Alternativen und Bürgerinitiativen in Graz einen großen Zulauf hatten, standen am 8. Oktober abermals Landtagswahlen an. Die SPÖ schickte wiederum Sebastian gegen Niederl ins Rennen. Ihre Hoffnung, die Verluste von 1974 wiederum auszugleichen, schaffte sie nicht. Im Gegenteil, die SPÖ verlor weiter leicht an Stimmen und musste schließlich froh sein, das 23. Mandat behalten zu können. Die FPÖ gewann mit Klaus Turek ein Mandat. Bereits Ende Jänner 1978 hatten die Grazer Gemeinderatswahlen den Trend zur FPÖ angedeutet, als Götz abermals zum Bürgermeister gewählt wurde.

Die Parteien wechseln ihre Spitzen:
Von Niederl zu Krainer jun., von Sebastian zu Gross
Trotz der Wahlerfolge und des starken Einflusses in der Bundespartei, erhielt die steirische ÖVP Ende der siebziger Jahre tiefere Risse: Eine Parteispendenaffäre, Spekulationen um einen Rücktritt Niederls aus familiären und finanziellen Gründen und Flügelkämpfe zwischen einer christlich-demokratischen und einer konservativ-liberalen Gruppe.

Designierter Nachfolger Niederls, unterstützt vor allem vom Bauernbund, war Josef Krainer jun., der sich – als Sohn des verstorbenen Landeshauptmannes – in den siebziger Jahren besonders als Straßenbaureferent im Bewusstsein der Bevölkerung verankern konnte. In der SPÖ stand Adalbert Sebastian, der schon 1974 nur wegen personeller Engpässe zum Verbleib am Posten des Parteivorsitzenden überredet werden konnte, abermals zur Disposition.

Gemeinsamer Steirerprotest in Wien gegen die Verstaatlichten-Pläne der Bundesregierung unter Kreisky. In der ersten Reihe Krainer und Gross.

Daher wechselten beide Großparteien im Sommer 1980 ihre Spitzen. Am 4. Juli wurden Josef Krainer als Landeshauptmann und SPÖ-Gewerkschafter Hans Gross als erster Landeshauptmannstellvertreter einstimmig vom Landtag gewählt. Gleichzeitig rückten für die ÖVP der Agrarier Simon Koiner und Gerhard Heidinger (nach Hannes Bammer) für die SPÖ in die Landesregierung auf. Noch vor den vorzeitig für 1981 angesetzten Landtagswahlen ersetzte Krainer den durch den Skandal um die „Steirische Tierkörperverwertung" schwer angeschlagenen, mächtigen Wirtschaftslandesrat Anton Pelzmann durch den Industriellen Hans Georg Fuchs. Bei den Wahlen wollte Krainer die 30, und Gross die 23 Mandate halten. Selbst Turek wollte für die FPÖ nicht mehr als den Mandatsstand behalten. Die SPÖ plakatierte: „Es droht die totale schwarze Übermacht", die ÖVP inszenierte wieder „Krainer"-Wahlen. Entscheidend wurde freilich die Wirtschaftskrise im Land: Noch im März hatten 10.000 Menschen in Judenburg gegen die geplante Schließung des Gussstahlwerkes protestiert, im Sommer wurde das „Eumig"-Werk in Fürstenfeld geschlossen und im August wurden bei „Puch" weitere 450 Arbeitnehmer gekündigt, tausende Familien waren direkt betroffen.

Die Landtagswahl endete ohne große Gewinner und Verlierer. Nur die SPÖ legte 2,4 Prozent und ein Mandat (von der FPÖ) zu, die ÖVP verlor nur wenige Stimmen und hielt ihr 30. Mandat. Von vielen steirischen FPÖ-Wählern war der liberale Kurs der FPÖ unter Norbert Steger nicht goutiert worden. Mit dem SPÖ-Sieg festigte sich auch Hans Gross innerhalb seiner Partei. Er hatte parteiinterne Grabenkämpfe überwunden und die Partei nach außen geschlossen darstellen können.

Die schwere Krise bei „Puch", die schließlich zum Verkauf der traditionellen Zweirad-Produktion an den italienischen Konkurrenten „Biaccho" führte, konnte 1982 mit Subventionen und einem Kooperationsvertrag mit „Volkswagen" zum Einstieg in die Vierradproduktion für etwa 800 neue Arbeitsplätze etwas entschärft werden. Kurze Zeit später wurden Probleme bei der Andritzer Maschinenfabrik und bei der Papierfabrik Arland sichtbar. Sie führten bald zu Kündigungen und bei Arland 1983 schließlich zur Stilllegung der Fabrik.

In Graz liefen die politischen Uhren bereits anders. Die FPÖ unter Götz schien abgenützt und starke Bürgerinitiativen setzten Wechselwählerströme in Gang, vor allem zur erstmals kandidierenden „Alternativen Liste Graz" (ALG). Dazu kam ein Sparpaket der Regierung Kreisky, das besonders die SPÖ-Wähler abspenstig machte. Tatsächlich verlor die FPÖ bei der

Grazer Gemeinderatswahl 1983 fünf, die ALG gewann auf Anhieb vier, die SPÖ ein Mandat. Nach längeren Verhandlungen einigten sich SPÖ und ÖVP auf eine Teilzeitlösung für die Funktion des Bürgermeisters: Franz Hasiba wurde in den ersten beiden, Alfred Stingl in den folgenden drei Jahren Bürgermeister. Stingl wurde in der Folge zum populären Langzeitbürgermeister und eine moralische Instanz.

Neben den Arbeitsmarktproblemen, der Straßen- und Verkehrspolitik, der obersteirischen Rüstungsindustrie und ihren Exportproblemen („Noricum", Assmann, Alpine), versuchte die Steiermark im Energieverbrauch zu sparen, Klein- und Mittelbetriebe sowie Jungunternehmer zu fördern, die einen Großteil der Arbeitsplätze sicherten, und erste steirische Technologie- und Industrieparks zu errichten. Gemeinsam mit dem Sozialministerium schuf man die „Aktion 8000" zur Bekämpfung der Jugend- und Langzeitarbeitslosigkeit sowie die Installierung eines Umweltressorts mit Landesrat Josef Riegler.

Bereits im Oktober 1984 hatte die Entscheidung der SPÖ-FPÖ-Bundesregierung unter Bundeskanzler Fred Sinowatz, 24 gebrauchte schwedische Abfangjäger des Typs „Draken" anzuschaffen, zu massiven Protesten der „Friedensbewegung" am Grazer Hauptplatz geführt. Die Ankündigung des freiheitlichen Verteidigungsministers Friedhelm Frischenschlager, alle Draken würden in der Steiermark, in Graz-Thalerhof und in Zeltweg stationiert, führte zu heftiger Ablehnung. Anfang Februar 1985 konstituierte sich mit deutlicher Unterstützung der ÖVP ein „Steirisches Personenkomitee" gegen die Abfangjäger mit dem Ziel, ein „Anti-Draken-Volksbegehren" durchzuführen. Krainer stellte sich an die Spitze der „Draken"-Gegner. Ihre Argumente:

starke Lärmbelastung und veraltetes Fluggerät. Das Volksbegehren brachte 244.254 Unterschriften. Der politische Erfolg blieb allerdings aus. Bis auf kleinere Verbesserungen (etwa beim Flugplan) und Adaptierungen, blieben die Stationierungsbeschlüsse in der Steiermark aufrecht. Krainer hatte sich auch innerparteilich gegen Verteidigungsminister Robert Lichal nicht durchgesetzt.

Eigentlich war das „Draken"-Volksbegehren schon eine Kampagnisierung der ÖVP für die Landtagswahlen 1986, die bereits unter geänderten bundespolitischen Vorzeichen stattfanden: Waldheim hatte im zweiten Wahlgang die Bundespräsidentenwahlen im Juni gewonnen, Bundeskanzler Sinowatz war daraufhin zurückgetreten und hatte Finanzminister Franz Vranitzky Platz gemacht, der zunächst die kleine Koalition mit der FPÖ unter Steger fortsetzte. Als im September Jörg Haider am Innsbrucker Parteitag Obmann der FPÖ wurde, kündigte Vranitzky die Koalition mit der FPÖ auf und bildete mit der ÖVP unter Alois Mock eine große Koalition. Die ÖVP kam damit nach 16 Jahren Opposition wieder in die Bundesregierung.

Für die Landtagswahl warb die steirische ÖVP mit dem guten „steirischen Klima" und der „steirischen Breite". Durch seine Imagevorteile gegenüber Hans Gross war die Personalisierung des Wahlkampfes auf Krainer logisch und leicht nachvollziehbar. Der dreiwöchige Intensivwahlkampf spielte sich auch vor dem Höhepunkt der Verstaatlichtenkrise, Einkommensverlusten der steirischen Bauern in den Grenzlandregionen und der Ablehung des von SPÖ und FPÖ nicht mitgetragenen „Anti-Draken-Volksbegehrens" ab.

Das Ergebnis brachte eine mehrfache Überraschung. Die ÖVP konnte ihr Resultat aus 1981 übertreffen, die höchste Stimmenanzahl ihrer Geschichte erreichen und ihre 30 Sitze im Landtag halten, wobei das 31. Mandat erst durch die Reststimmen verloren ging. Die SPÖ rutschte mit einem Verlust von fünf Prozent (besonders in Graz und in der Obersteiermark) erstmals seit 1949 unter die 40-Prozent-Marke. Der Abstand zur ÖVP betrug nun über 14 Prozent. Die Freiheitlichen unter Ludwig Rader sackten in der Wählergunst weiter ab und konnten nur mit Mühe ihre zwei Sitze im Landtag halten. Dennoch begann 1986/87 der Aufstieg der Freiheitlichen zu einem realpolitischen Faktor in der Steiermark. Zwei Jahre später war die FPÖ eine kleine Mittelstandspartei, 1999 war sie in der Nationalratswahl die zweitstärkste politische Gruppe des Landes geworden. Überraschend kam der Einzug der Grün-Alternativen Liste, die knapp fünf Prozent erreichte.

Wirtschaft

Zu den wichtigsten Bedingungen von Wirtschaft und Gesellschaft zählt die demographische Entwicklung. Wirtschaftskonjunktur erzeugt eine Zunahme, Wirtschaftskrisen hingegen eine Abnahme der Bevölkerung. Zwischen 1951 und 1971 stieg die Wohnbevölkerung der Steiermark, regional zwar unterschiedlich, doch insgesamt um 7,5 Prozent auf fast 1,2 Millionen Einwohner („Babyboom"). In den sechziger Jahren stand dem Wachstumsschub in der Obersteiermark und im Grazer Raum eine Abwanderung in den Bezirken Fürstenfeld, Radkersburg, Leibnitz und Deutschlandsberg gegenüber. Das steirische Grenzland wurde allein schon demographisch zu einer Problemzone, wobei Bad Radkersburg die stärkste Abwanderung aufwies. Wirtschaftspolitischer Handlungsbedarf war speziell hier gegeben. Die folgenden Förderprogramme für das Grenzland versuchten die Nachteile der „toten" Grenze auszugleichen, entscheidend wurden freilich erst die viel umfangreicheren EU-Förderungen ab Mitte der neunziger Jahre.

Zwischen 1971 und 2011 sank der Anteil der Steiermark an der österreichischen Bevölkerung von 16,0 Prozent auf 14,7 Prozent, ehe das Land 2011 mit 1,210.614 Einwohnern wiederum in etwa den Prozentwert von 1971 erreicht hatte.

In den neunziger Jahren hatte das Land einen enormen Zuwanderungsboom, ausgelöst durch den Krieg im ehemaligen Jugoslawien und die Unruhenherde im Kaukasus (Tschetschenien), so dass der Ausländeranteil von 1991 (2,6 Prozent) auf 6,5 Prozent im Jahre 2010 schnellte, obwohl er weiter deutlich unter dem österreichischen Durchschnitt von knapp 11 Prozent im gleichen Zeitraum lag. Auffallend dabei, dass der EU-Anteil (namentlich aus Deutschland) deutlich stärker stieg als jener aus Drittstaaten.

Seit dem Zweiten Weltkrieg stieg die durchschnittliche Lebenserwartung bei Männern um rund 10 Jahre, bei Frauen um 13 Jahre. Die steirische Bevölkerung veralterte, was auch durch den Zuzug meist jüngerer Ausländer nicht wesentlich verändert wurde.

Die inneren Rahmenbedingungen der steirischen Wirtschaft hatten sich Mitte der fünfziger Jahre gegenüber den ersten Jahrzehnten des 20. Jahrhunderts kaum verändert: Eine stark industrialisierte Obersteiermark mit Eisen und Stahlindustrie, eine stark agrarisch strukturierte Ost- und Mittelsteiermark mit industriellen Einsprengseln in Weiz, Leibnitz oder Deutschlandsberg; eine gemischt strukturierte Weststeiermark mit den Kohlenregionen um Köflach-Voitsberg sowie die Industrie-, Verwaltungs- und Hochschulräume Graz und teilweise Leoben. Die Rüstungsbetriebe des „Dritten Reiches" hatten vielfach auf zivile Fertigungen umgestellt, andere kamen zunehmend mit dem österreichischen Neutralitätsgesetz in Konflikt. Böhler, Steyr-Daimler-Puch, Alpine, Assmann oder die Schmiedhütte in Liezen („Noricum") sind Beispiele dafür.

Die wirtschaftliche Dominanz des Landes lag in der Industrie und in der Landwirtschaft. 1961 gehörte jeder zweite Steirer (48,7 Prozent) zum Bereich Industrie, Gewerbe, Handel und Verkehr, jeweils jeder fünfte gehörte zur Land- und Forstwirtschaft oder war schon in Rente. Freie Berufe und öffentlicher Dienst bildeten mit jeweils drei bis vier Prozent nur eine kleine Gruppe.

Die Schranken der gegebenen Wirtschaftsstruktur konnten durch wirtschaftspolitische Gegenmaßnahmen nur teilweise durchbrochen werden, die Steiermark die Dynamik der österreichischen Wirtschaft nicht mitmachen. So verlangsamte sich etwa das regionale Pro-Kopf-Inlandsprodukt gegenüber dem österreichischen Durchschnitt von 1952 bis 1964. Noch schlechter war die Situation beim Pro-Kopf-Einkommen. Ein deutliches Nachhinken und Zurückbleiben zeigte sich auch im Tourismus oder beim Kauf von Radio- und Fernsehgeräten. Große Sorgen bereitete die Landwirtschaft, vor allem wegen der Kleinheit der Wirtschaften und die durch die schlechte Ertragslage bedingte Landflucht. Mit allen Mitteln versuchte man gegenzusteuern: Förderprogramme, Schulungen, Maschinenringe, Beratungen, eine weitergehende Mechanisierung, weil die Zahl der Landarbeiter gegen Null ging sowie die Spezialisierung in der Erzeugung (Geflügelmast etwa in Fehring).

Diese Problemlage verstärkte sich ab 1962 weiter, als die gesamte österreichische Wirtschaft in eine Rezession schlitterte. Die Krise war teilweise auch hausgemacht: Zu lange war man den guten Erträgen der Schwerindustrie, der Verstaatlichten insgesamt, nachgehangen und hatte nicht bemerkt, dass die veränderte Weltmarktlage bereits ernste Absatzprobleme und Ertragseinbußen signalisierte.

Krisen, Sanierungen und erfolgreiche Privatisierungen

Erst 1973/74 – als es weltweit wegen der Ölkrise zu einem Boom der Grundstoffindustrien gekommen war, konnte die Steiermark kurzzeitig ihren Anteil an der Brutto-Wertschöpfung verbessern. Die SPÖ-Alleinregierung versuchte die Krise zu „durchtauchen". Damit sollte das hohe Beschäftigungsniveau aufrecht erhalten, keine größeren Aufbauprogramme eingeleitet und eine wesentliche Staatsverschuldung (vor allem aus politischen Gründen) bewusst in Kauf genommen werden. Dabei spielte auch die starke Position der Gewerkschaften und Betriebsräte aus der Verstaatlichten innerhalb der SPÖ sowie das Schielen auf Wählerstimmen in den „roten" Hochburgen der Obersteiermark eine große Rolle. Ernsthafte Mahnungen vor einer zu starken Verschuldung des Staates schlug Kreisky in den Wind.

Als 1975 abermals ein Konjunktureinbruch einsetzte, wurden das „deficit spending" bei Erweiterung der monetären Basis angewandt und – entgegen dem internationalen Trend – weiterhin über das Budget expansive Impulse gesetzt. Die Folgen waren ein starker Anstieg der Staatsschulden und eine deutliche Verschlechterung der Leistungsbilanz.

Die zweite Ölkrise Ende der siebziger Jahre brachte schließlich wenige Jahre später das Aus für „Eumig" in Fürstenfeld oder die Papierfabrik „Arland" in Graz. Tausende Menschen verloren ihre Arbeitsplätze. Mit Sozialpaketen versuchte die Politik soziale Härten abzufedern.

Die großen wirtschaftlichen Probleme brachten auch das Ende des „Austrokeynesianismus" und 1983 das politische Ende Kreiskys. Die schnell ansteigende Staatsverschuldung hatte eine Änderung der Wirtschaftspolitik notwendig gemacht: Budgetkonsolidierung, Ausgabenkürzungen, Steuerreform, Privatisierungen von Bundesvermögen und erste Schritte zu einer Pensionsreform.

Weltpolitisch ließ die Politik Michail Gorbatschows (Glasnost und Perestroika) Österreich auch auf eine Änderung der sowjetischen Position zu einem EG-Aufnahmeantrag hoffen. Noch vor der Wende in Mittel-Ost-Europa stellte Österreich daher am 17. Juni 1989 sein Ansuchen um Aufnahme als Vollmitglied in der EG, von der sich besonders die Steiermark entscheidende wirtschaftliche Impulse als Ausgleich für ihre Randlage und Brückenfunktion gegenüber Südosteuropa erwartete. Wenige Monate später begann mit dem Fall der Berliner Mauer, 28 Jahre nach ihrer Errichtung, der Umbruch im Warschauer Pakt.

Damit hatte das Land auch nach Osten und Süden eine zunehmend offenere Grenze. Die Chancen, die sich der steirischen Wirtschaft boten, wurden von ihr rasch erkannt. Große Hoffnungen und Zukunftserwartungen wurden geweckt und machten sich breit, trotz der noch nicht bereinigten „Altlasten" der Wirtschaftsstruktur des Landes: Den hohen Anteilen von Branchen, die wenig zum Wirtschaftswachstum beitrugen, dem Überwiegen der Grundstoffindustrie, dem Nachhinken bei Produkt- und Prozessinnovationen, in der Entwicklung von Patenten, in Forschungs- und Entwicklungsausgaben und anderen für die zukünftige Wirtschaftsentwicklung wichtigen Indikatoren, der höchsten Landesverschuldung pro Kopf der Bevölkerung aller Bundesländer bis 1987.

Die erste Euphorie und die ersten größeren Engagements steirischer Firmen besonders in Ungarn, Slowenien, Tschechien und der Slowakei, aber auch von „Gösser" oder „Eldra" in Russland, bewirkten ein momentan starkes Wirtschaftswachstum. 1989 wurde die durchschnittliche österreichische Wachstumsrate überholt, 1990 war die Steiermark eine österreichische Konjunkturlokomotive mit 7,4 Prozent Wachstum. Die aus der Verstaatlichten ausgegliederten, verselbständigten Firmen konnten sich gut am Markt behaupten und waren wesentlich flexibler. Dazu kamen bedeutende touristische Innovationen und Investitionen im steirischen Thermenland und der Dachstein-Tauern-Region.

1989 war die steirische Industrie mit 93.280 Beschäftigten noch immer der größte Arbeitgeber im Lande, obwohl ihre Beschäftigtenzahl seit 1955 praktisch gleich geblieben war. Was wie eine Stagnation aussah, war in Wirklichkeit eine Phase ungeheurer Veränderungen und Umstellungen, von Betriebsstilllegungen und Arbeiterentlassungen. Die Verlagerung von der Grundstoff- zur Finalproduktion, von technologisch einfachen zu High-Tech-Produkten fand dennoch nur langsam statt. Beharrende Elemente waren dabei vor allem die starke, traditionelle Eisen- und Stahlbranche. Erst in den achtziger Jahren gab es eine stärkere Verlagerung der Arbeitskräfte weg von der Urproduktion, dem Bergbau auf Eisen und Kohle. Die ersten Gegenmaßnahmen, Konzentrationen wie 1975 die Gründung der „Vereinigten Edelstahlwerke" (Böhler, Schoeller-Bleckmann, Gussstahlwerke Judenburg), waren wenig effektiv. Zu stark wirkten die Dominanz der Schwerindustrie, die Tendenz zu Großbetrieben mit Konzernzentralen außerhalb des Landes, geringe regionale Lieferverflechtungen, das Fehlen regionaler Einbindungen in Form von Cluster, wie sie etwa die japanische Autoindustrie hatte, das Fehlen einer Palette an dynamischen und leistungsfreudigen Klein- und Mittelbetrieben, die für Zulieferungen an die dominierenden Großbetriebe in Betracht kamen, das zu hohe Lohnniveau der Industriearbeiterschaft, die mangelnde räumliche und fachliche Mobilitätsbereitschaft der Arbeitnehmer sowie die im österreichischen Kontext unterdurchschnittliche Produktivität.

Das Voest-Debakel 1985 und Verluste von über elf Milliarden Schilling beschleunigten die Sanierungsanstrengungen und führten 1990 zur Gründung der „Austrian Industries AG" mit Branchenlinien. In der Steiermark waren vor allem Alpine, Böhler, Schoeller-Bleckmann, Austria Draht (Bruck), GKB, Elin, das Kindberger Rohrwerk, VA-Glas in Eisenerz, die SGP in Graz oder die Steirische Elektronik integriert worden. Erst später wurde ein Teil der Betriebe über den Gang an die Börse oder „Management-Buy-Outs" privatisiert. Die Sanierung der obersteirischen Schwerindustrie bedeutete tiefe soziale und organisatorische Maßnahmen.

Dennoch: Die obersteirische Wirtschaft schaffte in knapp zwanzig Jahren einen „turn-off" und mutierte in Summe von einer „alten" Industrieregion zu einer High-Tech-Landschaft. Die notwendigen Umstrukturierungen bedeuteten einen Abbau von Beschäftigten („Gesundschrumpfen") von 43.000 im Jahr 1973 auf 30.000 im Jahr 1989. Das Land versuchte durch finanzielle Förderungen in zukunftsträchtige Alternativprojekte, in Umschulungen und durch den Aufbau eines Tourismus- und Event-Standbeins („Eisenstraße", „Österreich-Ring") die Situation für die Menschen der Krisenregion etwas zu erleichtern.

Abhängig von der Eisen- und Stahlindustrie des Landes war die metallverarbeitende Industrie wie Felten & Guilleaume in Bruck, Vogel & Noot in Wartberg, Andritzer, Waagner-Biró, die „Alpenländische Verwertungs-Gesellschaft (AVI)", die Entwicklungs- und Verwertungs-Gesellschaft (EVG) oder das Stahlbauunternehmen Binder & Co in Gleisdorf.

Deutlich besser als die Stahlbranche entwickelten sich andere Bergbaubetriebe, wie die Veitscher Magnesit, die 1955 rund 56 Prozent der österreichischen und einen großen Teil der Weltproduktion lieferte, der Salzbergbau im steirischen Salzkammergut mit dem Zentrum Bad Aussee, wo man etwa zwei Fünftel der österreichischen Förderung an Salzsole erreichte, oder die Talkumwerke in Naintsch.

Im Umfeld der steirischen Hochschulen nutzten leistungsfähige Forschungseinrichtungen der privaten Wirtschaft das akademische Potential: das Philips-Bildröhrenwerk in Lebring, die AMS-AG (Austria Mikro Systeme International) in Unterpremstätten für Mikrochips, die AVL List, eine der weltweit größten privaten Forschungseinrichtungen auf dem Gebiet der Verbrennungsmotoren und Messtechnik, vor allem für Automobilhersteller in aller Welt, oder Anton Paar in Graz auf dem Gebiet der Messtechnik. Die Tradition als Hammerwerk verknüpfte die Firmengruppe Knill-Mosdorfer in Weiz, die im Zweiten Weltkrieg noch Sicheln und Äxte produziert hatte, mit moderner Produktinnovation und schuf sich eine internationale Position bei Elektrotechnik, Kabel-, Verseil- und Backmaschinentechnik.

Daneben hatte das Land starke Positionen in den Branchen der Leder- und lederverarbeitenden Industrie, Glas, Brauereien, Papier, Zellulose und Kartonagen oder Chemie. Einen starken industriellen Abdruck hinterließ die Fahrzeugindustrie: Simmering-Graz-Pauker (SGP) in Graz, seit 1992 im Siemens-Konzern, das Puchwerk (ab 1998 unter Magna International) und er steirische Auto-Cluster, dessen Motor Wirtschaftslandesrat Herbert Payerl war.

Fast unbemerkt vollzog sich in den steirischen Grenzregionen ein gewaltiger Strukturwandel. Im erweiterten Grenzland wanderten zwischen 1960 und 1990 rund 70.000 Personen aus der vorwiegend klein strukturierten Landwirtschaft ab, zwei Drittel von ihnen fanden jedoch innerhalb dieser Region alternative neue Arbeitsplätze. Ein Drittel behielt seinen Wohnsitz im Grenzland und pendelte zur Arbeit, vor allem nach Graz. Um diesen gewaltigen Umbruch leichter zu bewältigen und die Menschen in der Grenzregion zu halten, förderte das Land die betroffenen Gebiete zwischen 1970 und 1990 mit einem Anteil von zwei Fünfteln aller steirischen Landesfördermitteln besonders stark.

Die anfänglich erfolgreiche Intensivlandwirtschaft kam in den siebziger Jahren in die Kosten-Nutzen-Schere. Der enorme Einsatz von Chemie, um immer mehr zu produzieren und immer billiger zu verkaufen, zeigte die Fehlentwicklung. Sehr bald sah man auch, dass eine Besinnung auf die Stärken der heimischen Landwirtschaft für ein Überleben der Bauern notwendig war. Landesrat Josef Riegler entwickelte 1987 die „ökosoziale Marktwirtschaft" als Zusammenspiel von Ökologie, Ökonomie und sozialer Fairness. Aus ihr entstand die „Ökosoziale Agrarpolitik" mit dem Ziel einer nachhaltigen, umweltgerechten Bewirtschaftung, einer Preis- und Einkommenspolitik, die die multifunktionalen Leistungen der Landwirtschaft berücksichtigt, sowie einer sozialen Absicherung der Bauern.

Steirische Initiativen galten vor allem auch dem Einsatz von Bioenergie in der Landwirtschaft. Damit konnten den Bauern zusätzliche Einkommensquellen erschlossen, ökologisch ausgewogene Projekte angegangen und ein Teil des steirischen Primärenergiebedarfes aus den brach liegenden Kapazitäten der Landwirtschaft gedeckt werden. Hackschnitzelheizungen kamen sowohl im Fernwärmebereich als auch in einzelnen Orten zum Einsatz. Biodiesel wurde zunächst eingeführt, später selbst erzeugt.

In der Verkehrs- und Kommunikationsinfrastruktur war der Wirtschaftsstandort Steiermark seit dem Ersten Weltkrieg benachteiligt: Die Anbindungen auf der Schiene und Straße nach Wien, München und Klagenfurt waren schwach, das Telefonnetz hinkte nach.

Erst 1958 wurde die Eisenbahnverbindung von Graz nach Wien einigermaßen verbessert, erst 1972 wurde die Strecke Graz-Spielfeld elektrifiziert und erst ab 1976 gab es alle zwei Stunden eine Zugverbindung Graz-Wien. Die Semmering- und Koralmtunnels wurden erst Anfang der 2000er Jahre konkrete Bauprojekte und damit die Folgen des Jahres 1918 beseitigt.

Ähnlich der Ausbau des Autobahnnetzes. Erst 1965 wurde mit dem Bau der A2 in der Steiermark begonnen. In den achtziger Jahren war sie durchgehend befahrbar. Der Bau der Pyhrn-Autobahn, eine Nord-Süd-Route erster Ordnung („Gastarbeiter" und Urlauber), musste ebenfalls lange warten, brachte letztlich jedoch eine deutliche Verbesserung. Die Anbindung der Steiermark über das internationale Flugnetz gelang etwas rascher. 1958 nahm die AUA ihren Flugbetrieb in Graz und den Flughafen in das Linienflugprogramm auf.

Abgeschnitten war das Land auch im internationalen Telefonnetz. Erst 1956 wurde von der Post ein neues Koaxialkabel von Graz nach Wien für 940 gleichzeitige Telefongespräche gelegt. Graz hatte man erst im Jahr darauf an das automatische Fernwahlnetz angeschlossen und erst 1962 den ersten Fernwahlmünzfernsprecher am Bahnhof aufgestellt. Noch in den siebziger Jahren waren in den städtischen Wohnungen Telefonviertelanschlüsse Alltag.

Gesellschaft, Kunst, Wissenschaft und Kultur

Die steirische Gesellschaft des ausgehenden 20. Jahrhunderts ist in vielem ein Abbild der österreichischen Gesellschaft. Nach Krieg und Besatzung wurde zunächst das neue Lebensgefühl ausgelebt, der Alltag modernisiert, das Leben amerikanisiert: Coca Cola, Nylonstrümpfe, Nylonhemden, die „Vespa" oder gar ein Kleinauto – alles Signets der Fifties. Die Haushalte wurden elektrifiziert, die amerikanische Küche, die „alten"

Zusammenarbeit über Parteien und Konfessionen in den achtziger Jahren. V. l. die Bischöfe Dieter Knall und Johann Weber, Bürgermeister Alfred Stingl, ORF-GI Gerd Bacher, Landeshauptmann Josef Krainer. In der 2. Reihe u. a. Ernst Ch. Gerhold, Simon Koiner und Franz Feldgrill.

Möbel entfernt, altes bäuerliches Kulturgut hatte der Amerikanisierung zu weichen. Man war „modern", lebte mit den „Nierentischen", tanzte Boogie-Woogie, hörte Freddy Queen, Udo Jürgens oder Peter Kraus und die neuen Rhythmen eines Elvis Presley. Rock 'n' Roll und Jazz hielten Einzug, E-Gitarre und Saxophon, die Symbole der neuen Musik. Die Anti-Baby-Pille, 1962 in Österreich eingeführt, wurde ein wesentlicher Punkt der sexuellen Befreiung der Frau und der Geburtenkontrolle.

Die Konsumgesellschaft mutierte zu einer Wohlstandsgesellschaft, begleitet von radikalen Veränderungen in Werthaltungen. Zum Outfit gehörten lange Haare, Glockenhosen, Jeans, Lederjacken, Blumenhemden, zur Freizeitgestaltung vor allem Discotheken, Clubs und Partys. Zu den Jugendidolen zählten die Beatles, die Rolling Stones, Jimmi Hendrix oder

Tina Turner. Heimatfilme, in denen die Berge noch immer als hoch und die Täler als weit besungen wurden, hatten ausgedient. Die Rockmusik war im wirklichen Leben angekommen. Mit „Jazz-Messen" versuchte die Katholische Kirche den Zeitgeist liturgisch zu nützen. Der neue Sender „Ö3" des ORF, respektlos, jung und frech mit Rudi Klausnitzer und Dieter Dorner, strahlte den Zeitgeist über den Äther. „Hey, hey, my, my – Rock 'n' Roll will never die!", dröhnte Neil Young und noch im selben Lied: Besser sei es zu verbrennen, als zu rosten! Gleichzeitig nahm die Vereinsamung zu, die Christian Anders 1972 mit seinem „Es fährt ein Zug nach Nirgendwo" besang.

Die Zukunft schien der New Generation zu gehören. Die Rockmusik wurde zu einem Motto der 68er-Bewegung. Das Jugendfestival des Rock in Woodstock predigte Frieden statt Krieg und erschien vielen „Blumenkindern" als echte Alternative zu Rüstung und Krieg, vor allem in Vietnam, gegen den man rebellierte. Die Mondlandung 1969 schien den grenzenlosen Traum zu bestätigen. Grenzen? Gab es die überhaupt? Bis man Anfang der Siebziger an diese stieß. „Die Grenzen des Wachstums" des „Club of Rome" forderten ein radikales Umdenken im Aufbrauchen der Ressourcen der Erde. Der Nonkonformismus und Skeptizismus wurde zur Antithese des Staatlichen und Tradierten: Antiautoritäre Erziehungsmodelle, neue Formen der Kommunikation und des Protests wie Sit-In, Teach-In (als freie Diskussionsrunden), Go-In, Be-In, Love-In und die Rockmusik von Santana, Bob Dylan, Simon & Garfunkel, Crosby, von Pink Floyd oder Joe Cocker und Frank Zappa. Ihre Musik gehörte zum Erkennungsmerkmal und zur Ausdrucksform der Flower-Power-Kinder und der im „Sommer der Liebe 1967" aufkom-

Hanns Koren: „Weite, nicht Enge!"

menden Hippies, die als Vorläufer der 68er gelten können. Freie Liebe, Drogen, Kommunen als Wohnformen. Geradezu bieder nahm sich da Oswald Kolles Aufklärungsunterricht aus. Die „Mao-Bibel" zu haben, gehörte zum guten Ton der Mittelschüler, weil sie die autoritäre Ordnung radikal erschütterten. Kurzum: Weder davor noch danach ist die gesellschaftliche Ordnung so grundlegend in Frage gestellt worden wie in dieser Zeit. Die Morde an den Kennedy-Brüdern und an Martin Luther King elektrisierten und galten als Anschläge gegen die gewonnene Freiheit und die Werte der New Generation.

Bis in die sechziger Jahre dominierte noch die Tendenz, nach Absolvierung der acht-klassigen Pflichtschule, ab 1962/63 auch des Polytechnischen Lehrgangs als 9. Schulstufe, eine Lehre zu beginnen, um dann als Facharbeiter in den Arbeitsprozess einzutreten. Der verstärkte Trend zu weiterführenden Ausbildungen und zu höchsten Ausbildungsstufen, auch für bildungsferne Schichten, kam mit den Bildungsoffensiven der Regierungen Klaus und Kreisky hinzu. Die Zunahme von Schulstandorten (Heinrich Drimmel: „Jedem Bezirk sein Gymnasium"), neue Schulformen und die Universitätsreform mit dem freien Hochschulzugang waren dazu entscheidende Rahmenbedingungen. Die Ausweitung von Klassen und Klassenschülerzahlen führten zu einem Lehrermangel. Bis an die 40 Schüler in einer Maturaklasse eines Musisch-Pädagogischen Gymnasiums war keine Seltenheit.

Der Anteil an Akademikern im Land hatte sich zwischen 1951 und 1991 verdreifacht. Jeder zwanzigste Steirer war Akademiker, jeder dritte Steirer hatte einen Lehrabschluss. Der Akademikeranteil ist seit den 2000er Jahren weiter gestiegen, insbesondere durch neue Kategorisierungen und Ausbildungsstätten (Fachhochschulen, neue Akademien und den Bologna-Prozess mit dem Bachelor-Abschluss). Dennoch liegt Österreich mit der Akademikerquote weiter im EU-Schlussdrittel, auch weil Kindergarten- und Pflichtschullehrerausbildungen nicht als Studium zählen.

Die besondere Förderung von Wissenschaft und Kunst

Durch die Schaffung eines eigenen Kulturressorts und seiner Besetzung mit Hanns Koren gab Krainer 1957 der Kulturpolitik und dem kreativen und künstlerischen Potential im Lande einen hohen Stellenwert. Es war gleichzeitig der Beginn einer starken, wenn auch sehr losen Annäherung von Künstlern und Wissenschaftern an die steirische ÖVP und des Versuches einer Veränderung auf dem Fundament des Traditionellen.

Koren prägte die „neue Kulturpolitik" im Lande als liberal und steirisch. „[Er] war so etwas wie ein Jahrhundertwein der steirischen und nicht nur der steirischen Politik" (Wolfgang Mantl). Koren und seine unmittelbaren Nachfolger im Ressort, Kurt Jungwirth und Josef Krainer jun., verstanden den Begriff der Kultur immer umfassend. Sie war geprägt von einem Klima der Offenheit mit weitem Horizont, von Toleranz, einem Bekenntnis zur Unabhängigkeit von Kunst und Kultur. Es war Kulturpolitik, die sich in einem weiteren Sinn mit allen Aspekten des Lebens befasste, im engeren Sinn mit Vereinen und Freizeitgruppen, mit Lehrenden und Lernenden, mit Kindergärten, Schulen und Hochschulen, mit künstlerischen Ereignissen verschiedenster Art, mit den Stätten der Tradition und den Aktionen der Avantgarde in den sechziger Jahren.

Die steirische Landespolitik zeichnete sich dadurch aus, dass Wissenschaft, Bildung und Kunst nicht nur in den Festtagsreden vorkamen, sondern auch tatsächlich gewollt wurden, nachdrücklich, wie auch in den Budgets nachweisbar ist. Kultur sollte von den Menschen getragen werden, die gelernt haben, mit kulturellen Beständen umzugehen. Deshalb erhielt die Kulturarbeit diesen hohen Stellenwert, nicht nur in Graz sondern auch in allen anderen Regionen des Landes. Bald hatte man erkannt, dass sich Kultur nicht auf ihre wirtschaftlichen Auswirkungen beschränken lässt, obwohl sie auch als Träger regionalwirtschaftlicher Impulse sehr wertvoll eingesetzt werden konnte, etwa am Beispiel der höchst erfolgreichen Landesausstellungen in Stainz („Erzherzog Johann") auf der Riegersburg („Hexen und Zauberer"), am Alpl („Peter Rosegger"), in Eisenerz („Erz und Eisen"), in Judenburg („Handel"), in Gamlitz

(„Wein") oder in Bärnbach („Glas und Kohle"). Damit wurden die steirischen Identitäten angesprochen und zeitgemäß umgesetzt.

Organisatorisch manifestierte sich die neue steirische Kulturpolitik in Künstlervereinigungen und Events wie dem „Forum Stadtpark", „trigon" oder dem „steirischen herbst". In ihnen fanden Maler, Bildhauer, Musiker, Architekten, Geisteswissenschaftler und Literaten eine Heimstätte und Möglichkeiten zur Auseinandersetzung innerhalb der Zunft und mit der Öffentlichkeit. Aus diesem, auch von der Politik geförderten Diskurs, lebte die steirische/Grazer Kulturszene durch Jahre. Aus der Idee, im verfallenden Grazer „Stadtpark-Cafe" ein Lokal für die Aktivitäten junger Künstler zu schaffen (Günther Waldorf), entstand 1960 – nach zahlreichen Problemen und Vermittlungen – der Verein „Forum Stadtpark" mit den führenden intellektuell-künstlerischen Köpfen des Landes. Ebenso der „steirische herbst", ein avantgardistisch-künstlerisches Signum, das 1968 auf den Säulen von „trigon", der „Steirischen Akademie", dem „Musikprotokoll" und den in „Retzhof" abgehaltenen Malerwochen aufgebaut wurde. Alle steirischen Kunst- und Kulturveranstalter – von Stainach über Mürzzuschlag bis Deutschlandsberg und Pischelsdorf – wirkten am Programm des „steirischen herbstes" mit. Eine Reihe von Vorträgen im Rahmen der „Steirischen Akademie" oder der „Akademie Graz", Symposien und die „Muerz-Werkstatt" ergänzten die künstlerischen, musikalischen und Theaterproduktionen. Ab 1983 setzte der „herbst" mit Eigenproduktionen auch Schwerpunkte im Bereich der bildenden Kunst, wie 1988 „Bezugspunkte 38/88. Zeichen an 16 Grazer Orten, die in der ‚Stadt der Volkserhebung' von Bedeutung waren" mit Hans Haacke.

Der „steirische Herbst": Die Avantgarde deutschsprachiger Literatur

Der „steirische herbst" blieb ständiger kultureller Diskussionspunkt Nummer eins, wenn die zeitgenössische Kunst zum Thema wurde. Häufig skandalisiert, hielt er die Argumente des Für und Wider, die aktuelle Kunst und damit sich selbst in Schwung. Hubert Lendl, Volksbildner und langjähriger Leiter des Landes-Bildungshauses „Retzhof" bemängelte zurecht, „mir scheint nur, dass der ‚steirische herbst' […] in Isolation schwebt. Dass er nicht in das große Gespräch eintritt. Wo ist die Auseinandersetzung mit dem, was probiert wird?"

Die steirische Literatur ließ mit dem „Forum Stadtpark" und seinen Kreisen die Kontinuitäten der fünfziger Jahre zur Zwischenkriegs- und NS-Zeit hinter sich. Hier fand die Moderne eine Aufnahme, Arbeitsmöglichkeiten, Reibeflächen und Diskurs.

Das literarische Veranstaltungsprogramm der ersten Jahre war noch durchaus heterogen: Autoren einer „älteren" und „mittleren" Generation (organisiert im Referat „Literatur" von Scheuer und Alois Hergouth), die „gemäßigte Moderne" mit Autoren der „Gruppe 47", lokale Autoren und Vertreter des „Studios der Jungen" unter Alfred Kolleritsch. Als Gäste kamen die Autoren der Wiener Gruppe, wie Friedrich Achleitner, H.C. Artmann, Ernst Jandl und Friederike Mayröcker.

Mit der hauseigenen Literaturzeitschrift „manuskripte", deren erste Nummer von Kolleritsch und Alois Hergouth herausgegeben und bei der „Forum"-Eröffnung 1960 präsentiert wurde, war der entscheidende Paradigmenwechsel vollzogen. Zu Polarisierungen kam es vor allem durch die „Dunkelkammern" genannte Lesungsreihe der „Grazer Gruppe" um Kolleritsch, Barbara Frischmuth, Wolfgang Bauer, Gunter Falk und

Peter Handke, später auch Wilhelm Hengstler und Klaus Hoffer, Sohn des Gauschulungsamtsleiters der NSDAP, Heinrich Hoffer. Mit diesen aktionistischen Auftritten wollte man die herkömmlichen, von weihevoller Aura getragenen Dichterlesungen zerstören. So kamen etwa Bauer und Falk per Motorrad auf die Bühne, aßen, tranken und rauchten während der Präsentation ihrer Texte.

Als erster der Autoren der „Grazer Gruppe" schaffte 1966 der aus Altenmarkt bei Griffen in Kärnten stammende Peter Handke den Durchbruch im deutschsprachigen Literaturbetrieb. Ihm folgten vor allem Barbara Frischmuth, Michael Scharang, Wolfgang Bauer oder Gerhard Roth. Damit hatte sich die „Grazer Gruppe" etabliert, war fast schon saturiert und wurde teilweise als Image-Kapital der steirischen Kulturpolitik politisch eingesetzt. Um die Mitte der siebziger Jahre hatte sich die „Grazer Gruppe" bedeutend erweitert: Elfriede Jelinek, Literaturnobelpreisträgerin, Reinhard P. Gruber, Helmuth Eisendle, Alfred Paul Schmidt und Bernhard Hüttenegger sowie der in Kärnten gebürtige Gert Jonke und der Wiener Peter Rosei.

In diese Zeit fielen auch die Gründung der „Grazer Autorenversammlung", die bald den Rang der wichtigsten Vereinigung innovativer und/oder politisch engagierter österreichischer Autoren erhielt, sowie heftigste Angriffe gegen die als elitär und ignorant gegenüber den Aktivitäten junger Autoren empfundene Selektionspraxis des „manuskripte"-Herausgebers: „Wer nicht leckt, wird nicht entdeckt" („Nebelhorn").

Nimmt man die Präsenz des Begriffs „Grazer Gruppe" im überregionalen Feuilleton als Maßstab, so schien sie anfangs der achtziger Jahre nicht mehr zu existieren. Das Image von Graz als Literaturhauptstadt wurde durch Abgesänge namhafter Literaturkritiker und Autoren in ein bescheideneres, doch immer noch strahlendes Licht gerückt.

„Trigon"

Das „Forum Stadtpark" war auch Heimstatt der bildenden Kunst. Der „Evolution", die in Wien und Linz praktiziert wurde, setzte man die „Revolution im Stadtpark" gegenüber, an die auch Maler wie Heinrich Pölzl selbst Hand angelegt hatten. Mit „trigon" wurde 1963 die erste Dreiländerbiennale mit Künstlern aus Italien, Jugoslawien und Österreich gestartet. Korens Heimatbegriff schloss die grundsätzliche Haltung mit ein, dass Heimat „Tiefe und nicht Enge" sei. Die „trigon"-Veranstaltungen bis 1995 versuchten, ein besonderes, auch international relevantes Spektrum der Kunst in den Mittelpunkt der Biennale zu rücken. Zu den Mitgliedern der „Jungen Gruppe", des „Forum Stadtpark" oder der Grazer Sezession, die aus unterschiedlichen Richtungen die Wege zu einer Neudefinition der Bildwirklichkeit und damit zu einer Aufgabe der Abbildungsfunktion von Kunst suchten, gehörten u.a. Kurt Weber, Gottfried Fabian, Vivian Oviette, Marianne Schöpfer, Hannes Schwarz, Hans Nagelmüller, Adolf Osterrieder, August Plocek, Gerhard Lojen, Mario Decleva, Rudolf Szyszkowitz, Luis Sammer, Rudolf Pointner und Günter Waldorf.

Die steirische Skulptur, über lange Zeit von eher traditionellen Wert- und Werkvorstellungen geprägt und mit Alexander Silveri und Walter Ritter als Proponenten, veränderte sich durch Josef Pillhofer, Fritz Hartlauer, Gerhard Moswitzer, Norbert Nestler und Rudolf Hirt. Richard Kriesche zeigte, auf welche Weise der Kunstbegriff verändert wurde und welche Rolle dabei die Medien- und die Konzeptkunst, aber auch die neu formulierten Ansprüche der Kunst innerhalb einer durch verschiedene Systeme bestimmten Realität besonders in der Steiermark, gespielt haben. Zusammen mit Karl Neubacher und Horst Gerhard Haberl („franz", Humanic) gründete Richard Kriesche 1969 die Kunstproduzentengruppe „pool", die sich die Durchsetzung des Anspruchs der Kunst auf Öffentlichkeit zum Ziel gesetzt hatte und mit der „poolerie" die „erste österreichische Mediengalerie" ins Leben gerufen hatte. Die Verbindung von Kunst und Öffentlichkeit war auch eine Verbindung zu Politik und Wirtschaft. Trotzdem konnte sich Graz im engeren Sinn nicht zum High-Tech-Medienzentrum etablieren – die „Ars Electronica" fand nicht in Graz, sondern in Linz statt.

Wie in der Literatur und bildenden Kunst, so wurden Graz und die Steiermark auch zu einem Mekka der modernen Architektur. Ausgehend von Fritz Zotter, Hubert Hoffmann und Ferdinand Schuster, etablierte sich hier eine international beachtete Architektenszene, u.a. mit Eilfried Huth, Bernhard Hafner, Herbert Missoni, Michael Szyszkowitz, Karla Kowalski, Volker Giencke, Helmut Croce, Dietrich Ecker, Klaus Kada, Hubert Rieß, Günther Eisenköck, Wolfgang Kapfhammer und Günther Domenig. 1988 hatten die wichtigsten Initiativgruppen erstmals in Österreich ein „Haus der Architektur" als eine gemeinsame Plattform gegründet. Führende internationale Architekturmagazine widmeten dem steirischen Architekturgeschehen teilweise komplette Nummern oder berichteten umfangmäßig bevorzugt über die Szene. Steirische Architekten und Architekturbüros gewannen internationale Wettbewerbe und bauten in ganz Europa. Auch in Graz: Auf

Der steirische Diözesanbischof Egon Kapellari (seit 2001) –
ein Brückenbauer zu Kunst und Kultur – war zuvor durch 20 Jahre
Bischof von Gurk-Klagenfurt.

allseits breite Zustimmung im Jahre 2000 stieß die Wiedererrichtung der 1938 zerstörten Grazer Synagoge in moderner Form (Architekten Jörg und Ingrid Mayr), allerdings teilweise mit Ziegeln des ehemaligen Tempels. Sie wurde von den Spitzen des Landes und der steirischen Religionsgemeinschaften eröffnet.

Nach einem Tief zu Mitte der neunziger Jahre schaffte man Anfang des neuen Jahrhunderts einen sensationellen „turn-off" und konnte zudem auch eine starke öffentliche und gesellschaftliche Präsenz erreichen.

Wissenschaft: Spitzenleistungen werden seltener
Die steirischen Hochschulen erlebten seit Mitte der fünfziger Jahre eine Bildungsexplosion, die zu großen Engpässen in der Lehre, Ausstattung und zu einer über weite Strecken neue Organisation der hohen Schulen

geführt hatte. So schnellte die Zahl der Studenten an der Universität Graz von 1955/56 bis 1988/89 auf das Zwölffache an (der Frauenanteil lag bei knapp 50 Prozent). Jeder dritte bis fünfte Studierende in Österreich inskribierte zwischen 1955 und 1985 an der Universität Graz. Jeder vierte bis fünfte Studierende an der Grazer Universität in der ersten Hälfte der sechziger Jahre war ein Ausländer, weit mehr als in der ersten Nachkriegszeit und in den achtziger und neunziger Jahren. Den größten Anteil von Ausländern stellte die Bundesrepublik Deutschland, gefolgt von Griechenland, Ägypten und Norwegen. 1957 waren dazu geflüchtete Ungarn gekommen, um die sich Johann Fischl besonders kümmerte.

Eine ähnliche Explosion der Hörerzahlen hatten die Technik und die Montanistik. Der notwendige Ausbau von Universitätsdienststellen erfolgte deutlich zeitverzögert. Die Relationen von Hörern zu Universitätslehrern vergrößerten sich weiter. Auch die Strukturreform der Universitäten in die Organisationsgesetze 1966 und 1975 konnte das Stärkeverhältnis Hörer zu Universitätslehrer nicht verbessern, im Gegenteil: Ende der neunziger Jahre stand etwa an der stark expandierenden Sozial- und Wirtschaftswissenschaftlichen Fakultät das Verhältnis 1:130.

Gleichzeitig begann seit den siebziger Jahren eine langsame finanzielle Austrocknung der österreichischen Forschung. Die wissenschaftliche Reputation und Ausstrahlung der steirischen Universitäten konnte nicht mehr an die Zwischenkriegszeit anschließen. Kein in der Steiermark lehrender Forscher erhielt nach 1945 einen Nobelpreis. Ein breites Mittelmaß zog ein, Spitzenleistungen waren selten geworden und hatten sich oft gegen die Verbürokratisierung und gegen Nivellierungen durchzusetzen.

Unter den herausragenden, in der Steiermark tätigen Gelehrten waren seit der Mitte der fünfziger Jahre der Physiker Paul Urban, die Juristen Walter Wilburg und Ludwig Adamovich, die Mathematiker Bernhard Baule und Wolfgang Hahn, der Betriebswirt Karl Lechner, der sich auch um die Gründung der Sozial- und Wirtschaftswissenschaftlichen Fakultät überaus verdient gemacht hatte, sowie der Soziologe Karl Acham. Das 1968 an der Technischen Hochschule begründete Institut für Nachrichtentechnik und Wellenausbreitung unter Willibald Riedler beteiligte sich an der Erforschung der Physik des erdnahen Raumes, war aktiv an der Weltraumforschung beteiligt und arbeitete in den achtziger Jahren besonders eng mit der Raumforschung der Sowjetunion zusammen („Austromir"). Daraus ergaben sich in den neunziger Jahren weitere Forschungsfragen, an deren Lösung sich etwa im medizinischen Bereich auch das Physiologische Institut der Universität beteiligte. Hermann Maurer errang internationale Reputation mit der Entwicklung des Bildschirmtext-Computers „Mupid" und auf dem Gebiet der Informationsverarbeitung computerunterstützter neuer Medien; Fritz Heppner hatte einen bahnbrechenden Erfolg mit der ersten Gehirntumoroperation mit Laserstrahltechnik, international bekannt wurden der Philosoph Ernst Topitsch, der Theologe Franz Sauer oder der Komponist Gerd Kühr. Stark in der Politikberatung eingebunden waren der Politologe Wolfgang Mantl und der Ökonom Gunther Tichy. Stefan Karner schaffte 1990/91 als erster westlicher Historiker einen Zugang zu den bis dahin geheim gehaltenen sowjetischen Archiven des Innenministeriums und des KGB und wurde 1995 „Österreichischer Wissenschafter des Jahres".

1889/91: Die Grenzen fallen – die Steiermark im integrierten Europa

Politik

In den Jahren 1989–1991 stand Europa an einer entscheidenden Wende. Das „kurze" 20. Jahrhundert kam zu einem Ende und „es wuchs wieder zusammen, was zusammen gehört" (nach Willy Brandt). Der Umbruch in Mittel-Osteuropa, das Zusammenbrechen des kommunistischen Blocks, der Zerfall der Sowjetunion und Jugoslawiens in viele neue Staaten formte jenseits des ehemaligen „Eisernen Vorhangs" und auf dem Balkan eine ähnliche Staatenwelt, wie sie gleich nach dem Ersten Weltkrieg bestanden hatte. Die Jahrhundertwende, immer wieder als Jahrtausendwende bezeichnet, vollzog sich also bereits 10 Jahre vor der kalendarischen am 1. Jänner 2001. Angesichts dieser von niemandem in dieser Form prognostizierten, großteils unblutigen Umwälzungen, hatte Österreich seinen Standort neu zu definieren: Politisch (Beitritt zur EU), militärisch (begrenzte Teilnahme an EU-Einsätzen), neutralitätspolitisch (langsames Abrücken von der 1955 eingegangenen relativ starren Neutralitätsverpflichtung), wirtschaftlich (Auftreten auf den neuen/alten Märkten der Nachbarstaaten, vor allem in Polen, der Slowakei, Slowenien, Tschechien und Ungarn) und kulturell (Erfüllung der hohen Erwartungen der neuen Reformstaaten, die sich großteils aus den historischen Bezügen ergaben).

Der „neue" Nachbar im Süden. Krainer spielte eine wesentliche Rolle bei der raschen Anerkennung der Republik Slowenien 1991.

Österreich trat am 1. Jänner 1995 der EU als Vollmitglied bei, wobei Krainer in der Schlussphase der Verhandlungen 1994 als Vorsitzender der Landeshauptmännerkonferenz neben Alois Mock, Franz Vranitzky, Wolfgang Schüssel, Brigitte Ederer und einer Vielzahl von Experten und Diplomaten eine wesentliche Rolle spielte. Die EU-Volksabstimmung zeitigte in der Steiermark mit über 68 Prozent Zustimmung das zweitbeste Bundesländer-Ergebnis.

Nichts war mehr, wie es seit dem Weltkrieg gewesen ist. Die Steiermark war der geopolitischen Sackgasse entkommen. Die Grenzen zu Slowenien und Ungarn wurden weit geöffnet. Alte Beziehungen lebten wieder auf. Österreich und die Steiermark wurden die größten Investoren in Slowenien, steirische Firmen bauten sofort Stützpunkte in Ungarn.

Die Steiermark lag an der pulsierenden Nahtstelle der historischen Veränderungen. Einen kleinen Teil konnte sie selbst mitgestalten: Durch die Aufnahme der Rumänien-, DDR- und Polenflüchtlinge, die seit Mai 1989 von Ungarn durch Österreich in den Westen zu gelangen suchten, sowie durch den persönlichen Einsatz von Landeshauptmann Krainer bei der Staatswerdung Sloweniens und Kroatiens 1991. Die Kontakte Krainers zu den ehemaligen Oppositionellen, zum deutschen Bundeskanzler Helmut Kohl oder zu führenden italienischen Politikern gehen großteils auf zahlreiche Konferenzen in Rein, Stainz oder Bad Aussee zurück, waren aber auch Ausdruck langjähriger Kontakte steirischer Landespolitiker, wie von Hermann Schaller oder Hermann Schützenhöfer zu den früheren Oppositionellen und Dissidenten oder des Spitzenbeamten Gerold Ortner zu Lech Wałęsa, zu einer Zeit, als sich noch viele österreichische Politiker mit KP-Führern umgaben.

Gerade in dieser Umbruchphase konnte die Steiermark ihre Stärken ausspielen: Das vielgestaltige Beziehungsnetzwerk von Politik, Wirtschaft, Wissenschaft, Kultur und Kunst, das bis Polen (die jahrzehntelangen Beziehungen zu polnischen oppositionellen Politikern wie Ladislaus Bartoszewski, Tadeusz Mazowiecki, Lech Wałęsa oder zu Karol Wojtiła, dem 1978 gewählten Papst Johannes Paul II.), Tschechien (dem auch in Murau ansässigen Karel Schwarzenberg, der unter Vaclav Havel zu einer Schlüsselfigur tschechischer Politik aufstieg und derzeit Außenminister Tschechiens ist) bis in die Slowakei (zum verhafteten Rechtsanwalt Jan Čarnogursky, 1991/92 christdemokratischer Premierminister des Landes), Ungarn oder auf den Balkan reichte, aber auch Bayern (Ministerpräsident Edmund Stoiber), Baden-Württemberg (Ministerpräsident Lothar Späth) und Italien oder die Schweiz und Liechtenstein einschloss. Partnerschaften wurden aber auch mit ukrainischen Gebieten, wie Lemberg/Lviv, eingegangen. Gerold und Steffi Ortner initiierten jährliche Reisen in die Reformstaaten, die neben der Kultur auch einen äußerst fruchtbaren EU-politischen Touch bekamen. Die Kontakte und Begegnungen, vielfach auch organisiert vom „Österreichischen Schwarzen Kreuz" (Peter Rieser) zur Pflege von Kriegsgräbern, gewannen an Tiefe und waren oft ausschlaggebend für Wirtschaftskontakte.

Auch innenpolitisch war in der Steiermark zwischen 1989 und 2011 kein Stein auf dem anderen geblieben. 1995 beendeten die verlorenen Landtagswahlen die Ära Krainer. Waltraud Klasnic, 1996 mit den Stimmen der FPÖ gewählt, schaffte in ihrer ersten Regierungsperiode bis 2000 einen sensationellen Return und einen imponierenden Wahltriumph, ehe sie und die ÖVP ab 2003 durch Skandale (Herberstein, A1-Ring in Spielberg, Steweag/Estag) und ein krasses Abrücken der Medien, stark an Zustimmung und 2005 die Landtagswahlen verloren. In der Folge wurde Franz Voves als erster Sozialdemokrat zum steirischen Landeshauptmann gewählt (Machold wurde 1945 formell nicht vom Volk gewählt). Seine erste Regierungsperiode war durch einen Dauerstreit mit seinem Stellvertreter und ÖVP-Obmann Hermann Schützenhöfer gekennzeichnet, der zu einem politischen Stillstand in entscheidenden Fragen der Fortentwicklung der Landespolitik führte. Erst nach der Landtagswahl 2010, bei der die ÖVP zwar dicht an die SPÖ herankam, diese jedoch nicht überholen konnte, fanden beide zu einer bemerkenswerten und konstruktiven Zusammenarbeit, die vor allem die Lösung der großen Brocken steirischer Politik im Auge hatte: Budget, Gesundheit, Bildung, Verwaltung.

Grundlegend war auch, dass man über Privatisierungen und Deregulierungen eine Entstaatlichung auf den Weg gebracht, die individuelle Entscheidung gestärkt und den staatlichen Einfluss zurückgeschraubt hatte. Dieser Strukturwandel, eingeleitet von Krainer, jun., fortgesetzt unter Klasnic und auch Franz Voves, wurde zur Basis des starken Auftretens steirischer Firmen auf den neuen Märkten in den Reformstaaten: Den Unternehmen der zerschlagenen und privatisierten Verstaatlichten (wie von Böhler-Uddeholm, von Andritz, Mosdorfer-Knill, der Firmengruppe Roth, von AT&S, von Paar oder AVL-List), bei denen sich besonders die Verschränkung mit der universitären Forschung zeigt.

Am „Österreich-Konvent" zur Revision der Bundesverfassung (2003 bis 2005) wirkte Herwig Hösele, langjähriger Büromitarbeiter von Krainer und Klasnic, als Präsident des Bundesrates entscheidend mit, ehe er 2010 das Generalsekretariat des „Zukunftsfonds Österreich" übernahm, der aus dem „Versöhnungsfonds" zur Entschädigung der Zwangsarbeiter (anfänglich geleitet von der Steirerin und früheren Nationalbankpräsidentin Maria Schaumayer) hervorgegangen war.

Der politische Umbruch in Ost-Mitteleuropa, in Rumänien und auf dem Balkan, die Kriege zwischen den ehemaligen jugoslawischen Republiken 1991 (mit dem Krieg an der steirisch-slowenischen Grenze), besonders jedoch in Bosnien/Herzegowina und Kroatien, führten zu einem gewaltigen Ansturm von Flüchtlingen nach Österreich, besonders in seine südlichen Gebiete. Gemäß dem Asylgesetz und einer Bundesbetreuungsverordnung von 1992 erhielt die Steiermark 17,25 Prozent der Asylwerber zugewiesen, womit sich die Zahl der offiziellen Asylwerber in der Steiermark stark reduzierte. Im April 1992 wurde in der Landesregierung ein eigenes Flüchtlingshilfebüro eingerichtet, mit der ORF-Aktion „Nachbar in Not" (Kurt Bergmann) die Bevölkerung um Spenden ersucht, über die Caritas, Hilfsorganisationen und Service-Clubs wie den „Lions" tausende Lkws mit Hilfsgütern aus der Steiermark in die betroffenen Gebiete gebracht.

Zwischen 1989 und 1992 betrug die Nettozuwanderung in Österreich 271.000 Menschen. Dazu kamen noch 73.000 Kriegsflüchtlinge aus dem ehemaligen Jugoslawien, tausende davon in die Steiermark. Zu Jahresende 1992 waren in Österreich 582.000 Ausländer gemeldet, über 60.000 davon in der Steiermark. Im Jahr darauf regelte ein Aufenthaltsgesetz generell den Zuzug von Ausländern und legte eine Höchstzahl an Bewilligungen fest. Auch die Höchstgrenze für ausländische Arbeitskräfte wurde von zehn auf acht Prozent gesenkt, womit sich Österreich im internationalen Gleichschritt befand. Innenpolitisch wurde mit den Ausländergesetzen teilweise Forderungen der FPÖ entsprochen, die unter Haider zunehmend Wahlkämpfe mit Ausländerthemen führte und insbesondere auf die Probleme der Integration hinwies. Ab September 1997 wurde jenen rund 780 Bosniern, die aus als sicher eingestuften Gebieten in Bosnien stammten, eine Rückkehr nahegelegt. Sie wurden dabei auch finanziell unterstützt.

Ein Jahr darauf brach der Kosovo-Konflikt aus, wodurch 1998/99 wiederum tausende Flüchtlinge (vor allem Moslems), zunehmend illegal, in die Steiermark kamen. Sofern es Flüchtlinge nach der „Genfer Konvention", seit Mitte der neunziger Jahre vor allem aus Tschetschenien und Afrika, waren, erhielten sie Asyl.

Wirtschaftsflüchtlinge wurden, soweit man sie ergreifen konnte, zum Großteil abgewiesen oder abgeschoben.

Die Landtagswahlen 1991 und 1995:
Die Lager brechen auf

Während der weltpolitischen Veränderungen und Umbrüche trat die Landespolitik in den Hintergrund. Die Parteien selbst machten gerade in diesen Wendejahren entscheidende Veränderungen durch:

- Die ÖVP unter Krainer setzte zwar weiterhin auf die bewährten Rezepte „Landesvater", Nachbarschaftspolitik und Anti-Wien-Position, hatte daneben jedoch der Regierungsarbeit einen Modernisierungsschub verordnet. Nach gesundheitlichen Problemen gab Krainer 1989 die ÖVP-Geschäftsführung an seinen politischen „Ziehsohn" Gerhard Hirschmann ab, der eine gute Beziehung zur FPÖ aufbaute. Die steirische ÖVP trat damit gegen eine politische Ausgrenzung der FPÖ auf, wie sie besonders von SPÖ-Bundeskanzler Vranitzky versucht wurde.

- Die SPÖ war in den achtziger Jahren in eine Krise geraten. Gross konnte gegen Krainer nicht reüssieren, die SPÖ war mit Skandalen in der Arbeiterkammer und in der Kapfenberger Lokalpolitik mehr als beschäftigt, die vielfach als „Bonzenwirtschaft" dargestellt wurden. Daher wurden 1989 in der Landesregierung Josef Gruber durch Erich Tschernitz und 1990 an der Parteispitze und in der Landesregierung Gross vom Grazer Stadtwerke-Generaldirektor Peter Schachner-Blazizek abgelöst. Dieser nahm die politische Herausforderung gegen Krainer zu reüssieren, vielleicht sogar Erster zu werden, an und startete mit einer „Grenzland-Offensive", die in der Obersteiermark fortgesetzt wurde. Einen ersten Teilerfolg landete Schachner 1991 mit der Brechung der absoluten Mehrheit der ÖVP, obwohl seine Partei auch ein Mandat verloren hatte. Als Folge der SPÖ-Skandale und der schwächeren Parteienbindung verlor die SPÖ-Steiermark zwischen 1968 und 1996 fast die Hälfte ihrer Mitglieder; von 106.153 auf 65.273. Die eigene Positionierung „Links von der Mitte" prägte die Linie der steirischen SPÖ unter Schachner bis Mitte der neunziger Jahre.

- Die steirische FPÖ schaffte – mit dem nach Ludwig Rader neu installierten Parteiobmann Michael Schmid und mit dem Rückenwind Haiders – eine Trendumkehr, vor allem auf Kosten der ÖVP: 1990 bei der Nationalratswahl, 1991 und 1995 bei den Landtagswahlen und 1999 bei den Nationalratswahlen, wo sie in der Steiermark mit über 210.000 Stimmen ihren höchsten Wählerzuspruch hatte. Gleichzeitig überholte sie die Volkspartei und wurde im Land zur zweitstärksten, in Graz und anderen größeren Städten zur stärksten politischen Kraft.

Die Landtagswahlen im Herbst 1991, also nach dem erfolgreichen Management des Grenzeinsatzes im Zuge des Zerfalls Jugoslawiens, verloren beide Großparteien: Die ÖVP büßte ihre absolute Mehrheit in Regierung und Landtag ein und die SPÖ rutschte auf ein historisches Tief. Wahlsieger war die FPÖ unter Michael Schmid, die über 15 Prozent der Stimmen, neun Mandate und einen Sitz in der Regierung, das Zünglein auf der Waage, erreichen konnte. Die „Grünen" flogen aus dem Landtag. Krainer blieb Landes-

Krainer im Landtagswahlkampf 1991.

hauptmann und übernahm zusätzlich die Kultur. Neu in die Landesregierung kamen der Agrarier Erich Pöltl (ÖVP), Architekt Michael Schmid (FPÖ) und der frühere Leykam-Betriebsrat Hans-Joachim Ressel (SPÖ). An Sachthemen hatte man einen „Familienpass", Frauenförderprogramme, die Finanzierung der steirischen Spitäler („LKH 2000") und – nach dem Beitritt Österreichs zur EU 1995 – eine ständige Vertretung in Brüssel durchgebracht.

Seit Beginn der neunziger Jahre hielt ein deutlicher Bundestrend zur FPÖ an, der auch in der Steiermark durchschlug. So sackten bei den Nationalratswahlen

1994 in der Steiermark beide Großparteien auf ein Rekordtief ab. FPÖ und auch Grüne gewannen Stimmen und Mandate. Zu Ostern 1995 übernahm Wirtschaftsminister Wolfgang Schüssel die ÖVP-Bundespartei. Der Lannacher Industrielle Martin Bartenstein, seit 1994 Staatssekretär, wurde Umweltminister, Waltraud Klasnic, seit 1991 in der Landesregierung, stieg zu Schüssels Stellvertreterin in der Bundes-ÖVP auf, womit die Steirer in Wien wiederum stark vertreten waren.

Als Schüssel im Frühherbst 1995 die Koalition wegen notwendiger Maßnahmen zur Budgetkonsolidierung und im Zuge der notwendigen Weichenstellungen zur Euro-Einführung, denen sich die SPÖ unter Vranitzky verschloss, platzen ließ und für Dezember 1995 Neuwahlen ausgeschrieben wurden, ging Krainer – entgegen dem „steirischen Prinzip" doch aus Solidarität – mit dem Termin mit. So kam es – nach einem Advent-Wahlkampf – am 17. Dezember 1995 in der Steiermark auch zu vorgezogenen Landtagswahlen.

Und dieser wurde zu einem Paukenschlag für die steirische Politik. Die ÖVP verlor weitere acht Prozent gegenüber 1991, SPÖ und FPÖ schafften leichte Gewinne und hatten gemeinsam die Mehrheit in der Landesregierung und im Landtag; die Wahl von Peter Schachner-Blazizek zum ersten SPÖ-Landeshauptmann schien möglich. Die Differenz zwischen ÖVP und SPÖ im Land betrug nur noch rund 2.400 Wählerstimmen. Krainer übernahm die persönliche Verantwortung für den Misserfolg und kündigte noch am Wahlabend vor laufenden Kameras den Rücktritt von seinen Funktionen an.

Die ÖVP hatte tatsächlich in allen Bezirken verloren, um mehr als 10 Prozentpunkte in Graz-Stadt und in den ÖVP-Hochburgen Feldbach, Hartberg und Leibnitz. Die SPÖ hingegen verlor nur in zwei Bezirken in Graz-Stadt und Fürstenfeld. Generell hatte die FPÖ stärkere Gewinne in Gemeinden mit überdurchschnittlich vielen Arbeitern und Selbständigen sowie in den Agrar- und Industriegebieten. Eine größere Wanderung von Arbeiter- und Bauernschaft zur FPÖ kündigte sich an. Die FPÖ vermochte beinahe 32.000 Wähler von der ÖVP und 13.000 Wähler von der SPÖ zu gewinnen. Lediglich die Grünen zeigten keine Stimmenwanderung hin zur FPÖ. Das steirische Parteiensystem hatte sich in den neunziger Jahren zu einem Drei-Parteien-System entwickelt.

Die Rechnung Schachner-Blazizeks, Landeshauptmann zu werden, war nicht aufgegangen. Nach zähem innerparteilichem Diskurs wurde am 23. Jänner 1996 Waltraud Klasnic mit den Stimmen von ÖVP, FPÖ und des „Liberalen Forums" zum ersten weiblichen Landeshauptmann in Österreich gewählt und am 9. März auch Obfrau der steirischen Volkspartei. Den Terminus „Landeshauptmann" behielt sie bei, auch weil sie die männlichen Attitüden der Funktion mit ihrer Person als Frau verbinden wollte. Im Hintergrund der Wahl Klasnics standen auch die Wahl des Freiheitlichen Wilhelm Brauneder zum 3. Nationalratspräsidenten und die Schachner von Vranitzky vorgegebene Position, sich keinesfalls von der FPÖ zum Landeshauptmann wählen zu lassen. In den folgenden Verhandlungen paktierte Klasnic wieder eine Zusammenarbeit mit der SPÖ unter Schachner. Durch die neue Ressortverteilung in der Landesregierung kam die Kultur zur SPÖ, die von Schachner selbst geleitet wurde. Neu in die Landesregierung kam für die ÖVP Herbert Paierl, zuvor Krainers Büroleiter und Steweag-Vorstandsdirektor, und nun neben Hirschmann Mastermind der Partei; für die SPÖ war es nun Günter Dörflinger, früherer Journalist, SPÖ-Landesgeschäftsführer und Landtagsabgeordneter und für die FPÖ Magda Jost-Bleckmann, zuvor FPÖ-Klubobfrau und Landtagsabgeordnete.

Klasnic wollte das „Unternehmen Steiermark" so führen, dass man sich in der „Familie Steiermark" wohlfühlen könne. Gleichzeitig kündigte sie die Reduzierung der Zahl von 50.000 Arbeitslosen, sowie Wirtschafts- und Bildungsoffensiven an. Ihr 1997 vorgestelltes Arbeitsprogramm hatte die Themen „Frauen Zukunft" (Babyklappe) und „Schienen in die Zukunft" zum Hauptinhalt; umzusetzen mit den Schwerpunkten Wissen und Qualifikation (Ausbau der Fachhochschulen), Verkehrsinfrastruktur (Semmeringtunnel), Telekommunikation, Klein-und Mittelunternehmen, Energie, Tourismus, Medien, und kundenorientierte Verwaltung.

In der öffentlichen Meinung konnte Klasnic, die aus einfachsten Verhältnissen stammte und mit ihrem Mann Simon ein kleines Fuhrunternehmen führte, besonders durch ihre unkomplizierte und geradlinige Art, ihr offenes Zugehen auf Menschen und durch ihr zutiefst spontan menschliches Verhalten während des Bergbauunglücks in Lassing im August 1998, punkten: „Ein Land weint. Der Herrgott hat entschieden!", versuchte sie den Menschen Trost zu geben und drückte aus, was die meisten spürten. Zehn Bergleute gab der Berg nicht mehr frei. Die Erfolge der Regierungsperiode bis 2000, getragen von Klasnic und Schachner, wurden augenscheinlich: Seniorengarten, Humanitas-Medaille, Senkung des Wahlalters in Gemeinden auf 16 Jahre, eine Beschleunigung des steirischen Wirtschaftswachstums auf das Doppelte des österreichischen

Wertes, Förderung der außeruniversitären Forschung (Viktor Franz Heß-Forschungszentrum der Österreichischen Akademie der Wissenschaften in Graz-Messendorf, u.a. mit dem Weltrauminstitut unter Riedler, Hans Sünkel, Helmut O. Rucker und Wolfgang Baumjohann; Ludwig Boltzmann-Institut für Kriegsfolgenforschung unter Stefan Karner, Joanneum Research unter Bernhard Pelzl und Edmund Müller, u.a. mit dem Institut für Technologie- und Regionalpolitik unter Michael Steiner), die in Fortsetzung des Kurses von Krainer engagierte Umsetzung der Clusteridee, teilweise in Kooperation mit Firmen aus Slowenien, Ungarn und dem Burgenland (konzipiert von Paierl, Hirschmann, Hermann Schützenhöfer und Reinhold Lopatka) in acht Bereichen, u. a. 1995 als Auto-Cluster (erster großer, wegbereitender Cluster in Österreich), als Holz-Cluster (Forstwesen, Holzverarbeitung – Technologie), als Cluster für Humantechnologie, als „Materials Cluster „(Rohstoffe, Werkstoffe), als Cluster für Telekommunikation und als Cluster für Lebensmitteltechnologie; die auf ihren Vorgängern aufbauende „Technologieachse Graz – Maribor", ein Herzstück der „EU-Zukunftsregion Südost" mit 17 Millionen Menschen sowie die Einführung des steirischen Doppelbudgets 1996/97, um eine bessere Planbarkeit zu erreichen.

1998 bis 2003 waren Klasnics „Goldene Jahre" (Wolfgang Mantl). Mit diesen umgesetzten Initiativen und Maßnahmen, die in erster Linie der Ersten im Lande angerechnet wurden, ging man Mitte Oktober 2000 in die Landtagswahlen. Sie fanden nach den Nationalratswahlen 1999 und der Bildung der schwarz-blauen Bundesregierung unter Schüssel und Susanne Riess-Passer statt. Nach einem kurzen Wahlkampf, auch wesentlich mitgeprägt von Bundesthemen

Die ÖVP-Mitglieder der Landesregierung unter Waltraud Klasnic, der ersten Landeshauptfrau in Österreich, v.l.: Kristina Edlinger-Ploder, Gerald Schöpfer, Hans Seitinger, Hermann Schützenhöfer.

(EU-14-Sanktionen gegen die ÖVP-FPÖ-Bundesregierung, Budgetsanierung, Studiengebühren) konnte Klasnic 2000 ihre Stärken in einen unerwartet hohen Wahlerfolg für die ÖVP (plus 11,04 Prozent der Stimmen gegenüber 1995) umsetzen, der ihrer Partei wiederum die absolute Regierungsmehrheit einbrachte.

Die folgende Regierung Klasnic – Schachner hatte zahlreiche Umbildungen. Neu in die Regierung kam u.a. ÖAAB-Landesobmann Hermann Schützenhöfer, der zuvor ÖVP-Klubobmann gewesen war. 2002 wurde Schachner-Blazizek von Franz Voves, bis dahin Vorstandsdirektor der „Merkur"-Versicherung, als Erster Landeshauptmannstellvertreter abgelöst. Voves war in der Glanzzeit des österreichischen und steirischen Eishockeys Nationalteamspieler gewesen. 2003 rückte anstelle von Hirschmann die frühere Büroleiterin Klasnics, Kristina Edlinger-Ploder (ÖVP), in die Landesregierung auf und Günter Dörflinger machte im Referat für Gesundheit und Spitäler Wolfgang

Erlitz (SPÖ) Platz. Dem anerkannten Agrarier Erich Pöltl folgte 2003 Johann Seitinger (ÖVP). Nach dem Abgang Paierls kam 2004 Gerald Schöpfer als Landesrat für Wirtschaft und Europa in die Landesregierung, setzte die Wirtschaftspolitik Paierls fort und profilierte sich besonders mit der Realisierung des „Steiermark-Hauses" in Brüssel, dem Aufbau eines Medien-Clusters (mit den Medienkonzernen Leykam und Styria) sowie der verstärkten Vernetzung von Industrie und Forschung. 2004 wuchs die steirische Wirtschaft mit einer Brutto-Wertschöpfung von 3,8 Prozent doppelt so stark wie die österreichische. 2005 brachte Schöpfer ein Beschäftigungs- und Wachstumspaket mit 113 Projekten und einem Gesamtvolumen von 1,1 Milliarden Euro auf Schiene. Wirtschaftlich holte das Land weiter auf.

Auch weil man weiter auf Innovationen in die Klein- und Mittelbetriebe setzte, auf den Ausbau der Verkehrsinfrastruktur, in Forschung und Entwicklung sowie in die Kultur (Graz als „Kulturhauptstadt Europas" 2003 oder die Förderung des Bruno Gironcolli-Museums in Herberstein 2004/05). Dauerthemen blieben eine Bundesstaatsreform, der Fertigbau der Pyhrn-Autobahn (vor allem die zweite Plabutsch-Röhre) und der Schnellstraße Bruck–Graz (fertiggestellt 2009), die Ennstal-Trasse und die Diskussionen um das Naturschutzgebiet, der Semmering-Basis-Tunnel, dessen Bau vom Land Niederösterreich durch viele Jahre aus Naturschutzgründen verzögert wurde, die Stärkung des Landes als Technologie-, Wirtschafts- und Freizeitstandort (Ausbau von Thermen, der südsteirischen Weinbauregion und von Schigebieten), die Sanierung der Spitäler durch teilweise Aufgabe von Standorten und Schwerpunktbildungen, die Privatisierungen rund um die Energiewirtschaft (Steweag/Estag) und schließlich die Führung einer 380-kV-Leitung durch die Oststeiermark, um einen österreichischen Ringschluss im übergeordneten Leitungsnetz zu erreichen. Dazu als Dauerthema das Landesbudget von knapp 50 Milliarden Schilling im Jahr 2000. Die größten Ausgabengruppen (in Milliarden Schilling) waren Personal (17,7), Soziales (4,0), Wohnbau (4,7), Gesundheit (3,5), Landwirtschaft (1,5) und Verkehr (1,4). Der Gesamtschuldenstand des Landes war auf 21 Milliarden Schilling angestiegen. Überlagert wurde dies alles oft von Bundesthemen wie der Schengengrenze und dem Grenzeinsatz von Militär und Exekutive, der Einführung des Euro 2002, der Nationalratswahl 2002 (nach der FPÖ-Spaltung in Knittelfeld), einer weiteren Bundesheerreform (unter führender Mitwirkung von Helmut Zilk) oder der Bundespräsidentenwahl 2004, für die Klasnic auch als ÖVP-Kandidatin gegen Heinz Fischer gehandelt wurde, jedoch absagte.

Der politische Umbruch 2005:
Erstmals ein SPÖ-Landeshauptmann
Eher unvorhersehbar kamen 2003 Klasnics „bleierne Stunden" (Wolfgang Mantl), dank denen sie, trotz aller inzwischen erworbenen Routine, zunehmend in Bedrängnis geriet, obwohl gerade die Grazer in der Gemeinderatswahl von 2003 mit dem Unternehmer Siegfried Nagl (ÖVP) zum ersten Mal seit 1945 einen Bürgerlichen zum Bürgermeister wählten. Langzeitbürgermeister Alfred Stingl (SPÖ) hatte sich betont gegen die Anti-Ausländer-Positionen, vor allem der FPÖ, gestellt und war für eine liberale Ausländerpolitik eingetreten. Das Grazer Modell wurde vom Euro-

parat als „gutes Beispiel" von Ausländerintegration anerkannt. Auch das Bettlerwesen im Stadtzentrum, an dem fast ausschließlich Ausländer aus dem Balkanraum, später aus der Slowakei, teilweise organisiert, beteiligt waren, wurde vor allem der SPÖ angelastet. Die SPÖ hatte in Graz 7,5 Prozent der Stimmen verloren (2011 wurde in der Steiermark ein Bettelverbot erlassen).

Es waren zunächst Sachfragen, die vielfach medial über zwei Jahre hinweg zu Skandalen gemacht wurden, für die man Klasnic medial persönlich verantwortlich machte, obwohl von den Vorwürfen nichts hielt (Estag, Herberstein, Scheitern des von Hirschmann besonders geförderten Motorsportprojektes in Spielberg) sowie die lange ungelösten Verkehrsfragen um den Semmeringtunnel und die Koralmbahn. Eine besondere innerparteiliche Belastung erzeugte der jahrelange, auch von Klasnic nicht beigelegte Streit zwischen Hirschmann und Paierl, der 2003 und 2004 mit den Abgängen beider in die Privatwirtschaft endete, wobei Hirschmann zunächst noch Vorstand des steirischen Energieversorgers Estag wurde, im Zuge des Estag-Skandals jedoch seinen Posten räumen musste, mit der ÖVP brach und 2005 mit einer eigenen Liste, allerdings erfolglos, bei den Landtagswahlen antrat.

Den Landtagswahlen 2005 ging ein schmutziger Wahlkampf voraus, der sich um die angesprochenen Themen rankte. Die SPÖ, geführt von Franz Voves, konnte von der Teamschwäche der ÖVP, dem Mobilisierungsdefizit und den medialen Kampagnen gegen Klasnic profitieren. Erstmals wurde die SPÖ stimmen- und mandatsstärkste Partei und erzielte mit 38,66 Prozent ihr bestes Ergebnis seit 1981. In der Landesregierung hatte sie mit fünf Sitzen die Mehrheit. Eine große Überraschung war das Abschneiden der KPÖ unter ihrem Spitzenkandidaten Ernest Kaltenegger, der in Graz seit Jahren in der Bürgerbewegung und Kommunalpolitik aktiv war und sich besonders mit persönlichem Engagement der Wohnungsproblematik angenommen hatte. Die KPÖ eroberte mehr als sechs Prozent und damit vier Mandate und war erstmals seit 1970 wieder im Landtag vertreten. Dagegen musste die FPÖ schwere Verluste hinnehmen und fiel sowohl hinter die KPÖ als auch hinter die Grünen zurück. Die „Liste Hirschmann" des ÖVP-Dissidenten Gerhard Hirschmann schaffte mit knapp über zwei Prozent der Stimmen zwar den Einzug in den Landtag bei weitem nicht, nahm der ÖVP aber vermutlich doch jene entscheidenden Stimmen ab, die ihr einen Vorsprung vor der SPÖ gesichert hätten. Die FPÖ schlitterte durch die Parteispaltung in Knittelfeld 2002 und die Neugründung des „Bündnis Zukunft Österreich" (BZÖ) durch Haider in ein Wahldebakel und brachte keinen Abgeordneten mehr in den Landtag.

Der Machtwechsel war vorgezeichnet. Zum ersten Mal wurde in der Steiermark mit Voves ein Sozialdemokrat zum Landeshauptmann gewählt. Klasnic trat zurück und machte Hermann Schützenhöfer Platz, der zum Ersten Landeshauptmannstellvertreter gewählt wurde. Neu in die Landesregierung kamen der Wirtschaftsbündler Christian Buchmann (ÖVP), der Verwaltungsbeamte Helmut Hirt (SPÖ, bis 2009, ehe er Landesamtsdirektor wurde), die Rechtsanwältin Bettina Vollath (SPÖ), die insbesondere den Start der „Neuen Mittelschule" und eine Kostenbefreiung für Kindergärten durchsetzte, der Kapfenberger Bürgermeister Manfred Wegscheider (SPÖ), der das Ressort Sport, Umwelt und erneuerbare Energie übernahm und mit den Feinstaub-Emissionen in den Ballungszentren zu kämpfen hatte, sowie ab 2009 die Juristin und Nationalratsabgeordnete Elisabeth Grossmann (SPÖ), die von Vollath die Agenden für Bildung, Jugend, Frauen und Familien übernahm.

Auf Bundesebene erreichten in den Regierungen Schüssel I und II, Alfred Gusenbauer, Wilhelm Molterer und Werner Faymann mehrere Steirer ein besonderes Gewicht: U.a. der Industrielle Martin Bartenstein (als Wirtschaftsminister in wechselnden Bezeichnungen bis 2008), die Juristin Beatrix Karl (2010 als Bundesministerin für Wissenschaft und Forschung und seit 2011 als Justizministerin), Verkehrsminister Michael Schmid (2000) sowie die Staatssekretäre Reinhold Lopatka (2007–2011), Heidrun Silhavy (2007/08, zuletzt kurzzeitig Ministerin für Frauen und Medien), Franz Morak (2000–2007) und Mares Rossmann (2000–02). In Graz erprobte die Stadt-ÖVP (Mit Bürgermeister Siegfried Nagl) erstmals 2008 eine Zusammenarbeit mit den Grünen, die allerdings 2012 in Brüche ging.

Die Regierungsperiode Voves – Schützenhöfer, vielfach als Stillstand bezeichnet, schaffte anfänglich im Sog der fundamental guten Wirtschaftsdaten Österreichs bemerkenswerte Erfolge: 2007, dem Jahr vor der Wirtschaftskrise, erreichte man mit 3,4 Prozent wiederum das höchste Wirtschaftswachstum aller Bundesländer und konnte so im Österreich-Ranking kurzfristig etwas aufholen, errichtete neue Thermen in Fohnsdorf und Bad Mitterndorf und sanierte bzw. erweiterte jene in Bad Gleichenberg und Bad Radkersburg, investierte in die Universitätsstadt Graz (eigene Medizinische Universität, neue Fachhochschulen).

In der Phase der auslaufenden Wirtschaftskrise, die in der Steiermark stärker durchschlug als in anderen Bundesländern, standen 2010 wieder Landtagswahlen an und die ÖVP unter Schützenhöfer hoffte, den Sessel des Landeshauptmannes wieder zurückerobern zu können, zumal man nun Landeshauptmann Voves wegen SPÖ-interner Querelen (vor allem um Flecker) und medial vorgetragener Ungereimtheiten bei der SPÖ-Parteistiftung frontal angreifen konnte. Auch die Gemeinderatswahlen vom April 2010, die der Volkspartei enorme Zugewinne gebracht hatten, nährten die Hoffnungen auf einen VP-Wahlerfolg im Land.

Die Wahlen vom 26. September 2010 endeten mit einem hauchdünnen Vorsprung der SPÖ unter Voves von knapp einem Prozent, während die ÖVP, vor allem wegen der wieder erstarkten FPÖ, abermals leicht verlor und an Stimmen das schlechteste Ergebnis ihrer Geschichte einfuhr. Die SPÖ, mit dem amtierenden Spitzenkandidaten Franz Voves als Spitzenkandidat ins Rennen gegangen, erlitt zwar Stimmenverluste, konnte ihren ersten Platz aber verteidigen. Die Stimmen der Kommunisten wurden im Vergleich zu 2005 zwar halbiert, die Partei blieb aber dennoch mit zwei Mandaten im Landtag vertreten. Gebildet wurde wiederum eine Regierungskoalition zwischen SPÖ und ÖVP (mit Voves und Schützenhöfer), nunmehr auch unter Einbeziehung der wieder erstarkten FPÖ. Regierungsmitglieder wurden Siegfried Schrittwieser (SPÖ), Kristina Edlinger-Ploder (ÖVP), Bettina Vollath, Johann Seitinger, Elisabeth Grossmann, Christian Buchmann (ÖVP) sowie Gerhard Kurzmann (FPÖ). Manfred Wegscheider (SPÖ), Franz Majcen (SPÖ) und Ursula Lackner (SPÖ) präsidierten für den Landtag. Die Aufsicht über die Gemeinden wurde erstmals von Voves und Schützenhöfer gemeinsam übernommen.

Die Steiermark in neuer Zusammenarbeit regieren. Die Landesregierung unter Franz Voves und Hermann Schützenhöfer (Mitte) 2010. V.l.: Hans Seitinger, Christian Buchmann, Kristina Edlinger-Ploder, Bettina Vollath, Siegfried Schrittwieser, Elisabeth Grossmann und Gerhard Kurzmann.

Anders als in der ersten Regierungsperiode einigten sich Voves und Schützenhöfer nun auf eine unbedingte Zusammenarbeit, um die großen Probleme des Landes gemeinsam, auch gegen Widerstände in den jeweils eigenen Reihen, zu lösen. Vor allem in den Fragen der Landesfinanzen (das Land war praktisch pleite), von Forschung und Entwicklung, Bildung, Energie, Umwelt und Wirtschaft.

Trotz der extrem angespannten Budgetlage wurden im Regierungsprogramm folgende Eckpunkte entwickelt: Konzentration auf die Zukunftsthemen Mobility, Eco-Tech und Health-Tech, die Wirtschaftsförderung verstärkt zur aktiven Standortentwicklung einzusetzen, eine Verbreiterung der Exportbasis zu erreichen, und den Ausbau und die Versorgung der Steiermark mit Breitband.

In den heiklen Fragen einer Verkleinerung des Landtages und der Landesregierung erreichte man gemeinsam erste, österreichweit als vorbildlich geltende Erfolge. 2011 folgte ein Prozess zur Zusammenlegung von Gebietskörperschaften und Gemeinden, wobei man mit den neuen Bezirken „Murtal" und Südoststeiermark (ab 2012) erste Erfolge hatte.

Wirtschaft

Die Steiermark hatte gesamtwirtschaftlich, vor allem jedoch industriell von der Öffnung der Grenze nach Osten und Südosten und dem EU-Beitritt unter den österreichischen Bundesländern besonders stark profitiert. Dies zeigte sich nach einem Take-off zur Mitte der neunziger Jahre, besonders seit der Jahrhundertwende. Der weitgehende Strukturwandel vom Grundstoffproduzenten zum Technologie- und Dienstleistungsland war die Voraussetzung dafür. Wirtschafts- und Tourismusleitprojekte, wie die Technologieparks und die Cluster, zogen Investitionen ins Land und schafften neue Arbeitsplätze.

Nach dem EU-Beitritt 1995: Die Steiermark holt auf
Im Ranking der 243 EU-Regionen hatte sich das Land von Platz 119 im Jahr 1993 weit nach vorne gearbeitet, auf Platz 53 im Jahr 1998. Arbeitslosenraten sanken. Lokomotiven waren die verschiedenen Cluster für Holz und Papier, Telekommunikation sowie Automobile und die High-Tech-Betriebe. Gleichzeitig nahm die wirtschaftliche Bedeutung des Agrarsektors – gemessen an

den Indikatoren Agrarquote und Beitrag der Landwirtschaft zum Bruttoinlandsprodukt – weiter ab. Der EU-Beitritt Österreichs und das GATT-Abkommen führten zu einem drastischen Sinken der Erzeugerpreise, weshalb die agrarische Interessensvertretung Abgeltung und Förderungen forderte. Selbst Prämien für die Stilllegung von Äckern wurden bezahlt.

Der steirischen landwirtschaftlichen Erfolge wurden seit 1995 auch in der EU wahrgenommen, einzelne Spezialprodukte konnten ihre „Marke" behalten und wurden gefragte Nischen-Exportartikel. Fast eine Million Hektar Wald mit einem Jahreszuwachs von 400 Hektar, der Obst- und Weinbau (vor allem nach dem Glykose-Skandal der achtziger Jahre neu aufgestellt und international beachtet), das „styriabeef" von obersteirischen Almochsen oder der Chinakohl, der in Skandinavien eine Marktnische gefunden hatte.

Über die Thermen- und Wellness-Region und die Skizentren des Enns- und Murtales hatte sich das Land etwas aus seinen touristischen Marktnischen befreien können. Groß-Events wie das Schispringen am Kulm (Hubert Neuper), die Nordische Ski-WM in der Ramsau oder die „Special Olympics" (Behindertenolympiade) unter dem Ehrenschutz und der Promotion von Arnold Schwarzenegger und der Familie Kennedy-Shriver (1993) machten das Land auch international bekannter.

Die Bemühungen, den Stadttourismus in Graz anzukurbeln, gingen vor allem in Richtung eines „Kongresstourismus" und es gelang, immer mehr Tagungen in die Stadt zu bringen. Dennoch blieb Graz in der hinteren Skala der größeren österreichischen Städte. Eigentlich auch ohne spezifische Ausrichtung und ohne Logo. Der Grazer genügte sich selbst, wie dies Johann Resel schon zu Beginn des 20. Jahrhunderts treffend bemerkt hatte.

Die global einsetzenden Wirtschaftskrisen ab 2008 und 2011 schlugen in der Steiermark stärker durch als in anderen Bundesländern, was vor allem durch die starke gewerblich-industrielle Struktur, aber auch den hohen Exportanteil der steirischen Betriebe bedingt war. Dennoch blieb die Zahl der Firmenneugründungen mit jährlich etwa 3.750 auch in den Krisen seit 2008 konstant hoch.

Gesellschaft und Kultur

Eine zunehmende Alterung der Gesellschaft (bis 2050 wird sich der Anteil der über 65-Jährigen verdoppeln, hingegen wird der Anteil der Erwerbstätigen in etwa gleich bleiben) durch die gestiegene Lebenserwartung, ein starker Trend zu Frühpensionen, die Stellung der Frau in der Gesellschaft, ein noch nie vorher da gewesenes hohes Beschäftigungsniveau, ein hoher Frauenanteil in der Wirtschaft, eine zunehmende Akzeptanz von Lebensgemeinschaften als partnerschaftliche Bindung anstelle der Ehe (nahezu jede zehnte Partnerschaft), der starke Geburtenrückgang (die mittlere Kinderzahl pro Familie sank von 1,38 auf unter 1,20), ein Auseinanderklaffen zwischen den immer größer werdenden Bildungs- und den bildungsfernen Schichten sowie eine zunehmende Diskussion um Fragen der Zuwanderung und Integration von Menschen aus anderen Kulturkreisen kennzeichnen auch die steirische Gesellschaft zur Jahrhundertwende. Daraus resultieren die großen gesellschaftlichen Themen: Pensionen, Altersversorgung, Pflege, Bildung und Ausbildung (Matura- oder Hochschulabschluss, namentlich von Frauen, zwei von fünf Arbeiter sind Facharbeiter, jeder Dritte ist angelernt und jeder Vierte noch Hilfsarbeiter oder Lehrling), Schulreformen (Gesamtschule der 10 bis 14-Jährigen, die als „neue Mittelschule" seit 2010 parallel zum Gymnasium eingeführt wurde, teilweise zurückgehend auf den „Schulverbund Graz-West"), die Etablierung zahlreicher Fachhochschulen und Studienlehrgänge, die Implementierung des Bologna-Prozesses an den Universitäten („Bachelor"), Generationenvertrag, Asylanten und Wirtschaftsmigranten und die Integration von Ausländern ganz allgemein.

Seit der Mitte der neunziger Jahre hatte der Dienstleistungssektor erstmals deutlich die meisten Einkommensbezieher aufzuweisen. Der Agrarsektor war zusammen mit dem Bergbau auf nur noch sechs Prozent gesunken. Damit war mehr als jeder Dritte im Dienstleistungssektor und fast jeder Dritte in Gewerbe und Industrie beschäftigt. 28 Prozent waren Rentner bzw. Pensionisten. Bis zum Jahr 2050 dürfte der steirische Seniorenanteil auf etwa 40 Prozent steigen, bei einer Gesamteinwohnerzahl des Landes von nur noch 960.000. Denn bei Fortsetzung des demographischen Trends könnte bis 2021 das Verhältnis von Berufstätigen zu Pensionisten von 1:2,2 auf 1:1,3 sinken.

Die steirische, international beachtete Avantgarde in Graz hatte in den neunziger Jahren an Elan, Originalität, Breite und Tiefe verloren. Ab Mitte der neunziger Jahre war die Kulturpolitik aus dem Zentrum der Landespolitik gerückt, was vor allem auf den politischen Ressortwechsel zurückzuführen war. Doch auch die Künstler der sechziger Jahre, die Avantgarde des „Forum Stadtpark" und des „steirischen herbstes"

Die wiedererrichtete Grazer Synagoge.

waren etwas in die Jahre gekommen und hatten ihre Frische verloren. Der „steirische herbst" – inzwischen eine große Festival-Organisation – wurde mehr verwaltet und brachte, bei laufenden Budgeterhöhungen, nur noch selten internationale Erfolge. Die Idee des „trigon" hatte sich durch die neue politische Landkarte Mitteleuropas überholt. Das „Forum Stadtpark" schaffte keine Eigeninitiative zur Renovierung des eigenen Baus mehr. Mit der Abhaltung der „Steirischen Buchwochen" in den Räumen, wo noch 25 Jahre zuvor die deutsche Literatur geprägt worden war, hatte man endgültig die Normalität und Gewöhnlichkeit erreicht.

Akzente setzte man mit der breiten Förderung des Musikschulwesens, der Feier zum 100-jährigen

Bestehen der Grazer Oper 1998 (mit der Uraufführung der Oper „Tod und Teufel" von Gerd Kühr, Libretto von Peter Turrini), den großen Ausstellungen des Landesmuseums „Joanneum", aber auch kleineren Schauen wie in Seckau oder in Groß St. Florian. Im Ausland, vor allem in den USA, Kanada und Australien, zeigte man die Waffensammlungen des Zeughauses (erstmals 1992 in San Francisco: „Imperial Austria"). Die Schau war im Ausland höchst erfolgreich, in Ottawa zählte man 1,2 Millionen Besucher.

Überstrahlt wurde freilich die gesamte Kulturpolitik von der Erklärung der Stadt Graz zur Kulturhauptstadt Europas 2003, deren Motor der Grazer Kulturstadtrat Helmut Strobl war. Teils spektakuläre architektonische und künstlerische Projekte wurden umgesetzt. Vom Installationskünstler und Architekt Vito Acconci wurde eine in der Mur schwimmende Plattform mit Amphitheater geplant und umgesetzt – die so genannte Murinsel. Für Aufsehen sorgte auch das neue Kunsthaus der Architekten Peter Cook und Colin Fournier, das, mit Acrylglasscheiben verkleidet, als „Friendly Alien" betitelt wurde. 2011 wurde Graz von der UNESCO zusätzlich zur „City of Design" gekürt. Motor dieser Auszeichnung war u.a. Eberhard Schrempf.

Das „Forum Stadtpark" besaß bis 1996/97, als sogar die Schließung des Hauses zur Disposition stand, nach wie vor eine prominente Position innerhalb des steirischen Literaturbetriebs, wenngleich die überregionale Literaturberichterstattung den Forum-Aktivitäten zunehmend weniger Aufmerksamkeit schenkte. Dies lag vor allem am geringeren Bekanntheitsgrad der nachrückenden Schriftstellergeneration. Dennoch machten steirische Autoren, wie Werner Schwab, zur Jahrhundertwende auch ohne das „Sprungbrett" der „manuskripte" europaweit Furore. Die „Monopolstellung" innerhalb des literarischen Distributionssystems in der Steiermark, an der nachrückende, jüngere Autoren wiederholt Kritik übten, war gebrochen. Doch auch der „Steirische Schriftstellerbund", die nach dem Forum Stadtpark mitgliederstärkste Autorenorganisation, wurde 1990 – nach 70 Jahren seines Bestehens – aufgelöst. Auch die Literaturverlage waren zur Jahrhundertwende in die Krise gekommen. Zwar mutierte Droschl durch die Übernahme der Linzer „edition neue texte" zum bedeutendsten Verlag für innovative Literatur aus Österreich, doch Leykam beschied sich mit durchschnittlich drei literarischen Titeln jährlich und Styria stellte 1999 die Publikation literarischer Texte überhaupt ein. Unter den neuen Literaturverlagen erhielten nur „Edition Kürbis" (Wolfgang Pollanz) sowie die „edition gegensätze" (Dieter Sperl) Bedeutung. Die „Regionale" – sie sollte die erfolgreichen Landesaustellungen ablösen – wurde zum Publikums-Flop. SPÖ-Kultur-Landesrat Kurt Flecker hatte dafür die politische Verantwortung zu tragen.

Medien: Konzentration
Österreich gilt als Land mit der höchsten Pressekonzentration unter allen westlichen Industrienationen. Sowohl die Printmedien als auch Radio und Fernsehen waren vor allem auf wenige Anbieter und Eigentümer konzentriert: Den staatlichen ORF, die westdeutsche WAZ-Gruppe, die Dichand-Gruppe, Raiffeisen und Styria. ORF und die „Kronen Zeitung" sind marktbeherrschend. Am steirischen Medienmarkt waren das

ORF-Landesstudio (unter Günther Ziesel, Kurt Bergmann, Edgar Sterbenz und Gerhard Draxler) sowie die „Kleine Zeitung" (unter Kurt Wimmer, Erwin Zankel und Hubert Patterer, der 2011 zum „österreichischen Journalisten des Jahres" gewählt wurde) sowie die „Steirerkrone" (unter Markus Ruthardt und Christoph Biró) marktbeherrschend, wobei die „Kleine Zeitung" knapp vor der „Steirerkrone" führt. Der ORF – in starker Konkurrenz mit den ausländischen Anbietern und den österreichisch/steirischen Privatsendern, vor allem der „Antenne Steiermark" (in Dobl 1996 von „News", „Styria" und „Leykam" gegründet) – konnte sich durch eine zeitgemäße steirische Linie unter Direktor Gerhard Draxler und Chefredakteur Gerhard Koch erstaunlich gut behaupten. Dazu kamen eine Fülle von kleinen, lokalen Privatsendern, Lokalzeitungen und Gratiszeitungen, die von den größeren Medienhäusern im Verdrängungswettbewerb vor allem den schwächer gewordenen Inseratenmarkt abgrasen. 1997 startete das Styria-Leykam-Kabel-Privatfernsehen „Steiermark 1", ebenfalls in Dobl.

Wesentlich präsenter als die heimischen Privatfernsehanbieter waren jedoch die ausländischen Fernsehstationen, die über Kabel oder über Satellit in die steirischen Haushalte kamen. 2010 verfügte bereits praktisch schon jeder steirische Haushalt über Kabel- oder Satellitenrundfunk. Dazu kamen die vielfältigen Angebote des Internets und der Mobiltelefone, die das ortsgebundene Fernsehen, aber auch die herkömmliche Zeitung, vor allem innerhalb der jüngeren Generation, die mit den neuen Medien aufwuchs, alt aussehen lassen. Wesentliche Voraussetzungen dafür waren die Privatisierung der Telekommunikationsdienste und das Aufbrechen des Telefonmonopols der

Post noch vor der Jahrhundertwende gewesen. Unter diesen Umständen nimmt auch das Kino weiter an Bedeutung ab.

Grazer Kunsthaus und „Kulturhauptstadt" Europas

Die steirische Kunstszene zur Jahrhundertwende war dominiert von Künstlergruppen wie „GRAM", „FOND" oder „INTRO GRAZ SPECTION", die neue Zugänge zur Kunst – meist über eine große Vielfalt an Ausdrucksformen suchen. Die „Neue Galerie", das institutionalisierte steirische Museum der Gegenwartskunst (seit 1992 unter Werner Fenz und Peter Weibel) hatte das Haus auf die neue Lage nach dem Umbruch in Europa eingestellt: Der ehemalige „trigon"-Raum hatte seine Bedeutung eingebüßt, die bestehenden Kontakte waren verloren gegangen. Eine Darstellung wichtiger Positionen für die steirische Kunst erfolgte durch Ausstellungen von Kriesche, Hartmut Skerbisch und Günter Brus. Mit Ken Lum, Louise Lawler oder Guillaume Bijl waren „Klassiker" der Gegenwartskunst in der Neuen Galerie zu Gast, mit Heimo Zobernig, Felix Gonzales-Torres, Sylvie Fleury oder Pipilotti Rist war die jüngere Künstlergeneration mit eigenständigen, speziell für den Ort entwickelten Projekten vertreten. Die „Internationalen Malerwochen" wurden in das Programm „Artist in Residence" umgewandelt.

Die jahrzehntelange Diskussion um ein „Haus für die Gegenwartskunst" wurden ab 1999 mit der Adaptierung des Hauses „Brüder Lechner" beendet, die bereits in die Vorbereitungen für 2003 fielen, in dem Graz als „Kulturhauptstadt Europas" und die steirische Kunst im Blickfeld einer großen Öffentlichkeit standen.

Das Grazer Kunsthaus – Flaggschiff der „Kulturhauptstat Graz" 2003.

Sport: „Sturm" und GAK, österreichische Fußballmeister

Die Trends im steirischen Sport setzten sich fort: Stärkung des Spitzensports, besonders der wenigen, medial wirksamen Sportarten, andererseits eine zunehmende Verbreiterung des Massensports zur Erhaltung der eigenen körperlichen Fitness und die Erhaltung der tausenden Sportvereine und Sportstätten, die in den zahlreichen Orten nicht nur sportliche Aktivitäten für die Bevölkerung organisieren und in der Nachwuchsarbeit unverzichtbar sind, sondern auch das gesellschaftlich/kulturelle Leben mittragen. Obwohl das Land noch Ende der neunziger Jahre mit 54 Schilling (rund 4 Euro) pro Kopf der Bevölkerung das kleinste Sportbudget in Österreich hatte, wurden davon 2.612 Sportvereine mit knapp 150.000 Mitgliedern, 45 Sportfachverbände, in 98 Prozent der Gemeinden öffentlich zugängliche Sportanlagen und 60 steirische Staatsligateams, gefördert.

Gerade in den letzten 20 Jahren hatte der steirische Sport riesige, internationale Erfolge: 1998, 1999 und 2011 wurden „Sturm Graz", 2004 der „GAK" österreichischer Fußballmeister. Beide Vereine erreichten, trotz großer wirtschaftlicher Probleme, beachtliche internationale Erfolge in der Champions League bzw. in der Champions League Qualifikation. Der GAK konnte durch einen Zwangsausgleich zwar der Liquidation entgehen, stieg jedoch in die drittklassige Regionalliga Mitte ab. Im Schisport feierten der Bad Mitterndorfer Wolfgang Loitzl (2008/09 Gesamtsieger der 4-Schanzen-Tournee, 2009 Weltmeister auf der Normalschanze in Liberec), die Obdacherin Renate Götschl (Ski-Gesamtweltcup, 2007 Weltmeisterin im Teambewerb), der Eisenerzer Mario Stecher in der Nordischen Kombination (2006 und 2010 Team-Olympiasieger) große Erfolge.

Der steirische Eishockeysport konnte sich nach einer langen Durststrecke seit den achtziger Jahren in den letzten Jahren mit dem „ATSE Graz" wieder stärker etablieren. Der Kulm und die Ramsau blieben Zentren des nordischen, Schladming („Weltcup-Nachtslalom"), Semmering (Weltcuprennen der Damen) und der Kreischberg (Snowboard-WM) Zentren internationaler alpiner Bewerbe. Die Steiermark war überdies Austragungsland von Welt- und Europameisterschaften, wie der WM der Fallschirmspringer in Trieben, der EM der Naturbahnrodler in Stein, der Eisschützen-EM in Graz und anderen sportlichen Großveranstaltungen wie des Tennis-Daviscup gegen Deutschland in der „Schwarzl-Halle" in Unterpremstätten.

Ein Handshake zwischen Voves und Schützenhöfer zum Beginn ihrer Reformpartnerschaft für die Steiermark.

Das größte sportliche Vorhaben, Graz für 2002 zur Olympiastadt zu machen, scheiterte allerdings kläglich, ebenso wie die dauerhafte Rückholung der „Formel 1" nach Spielberg. Erst in den letzten Jahren wurde der „Österreich-Ring" von „Red Bull" (des Steirers Dietrich Mateschitz) zu einem Multi-Trainingszentrum mit einer weit gefächerten Infrastruktur umgebaut.

Resümee

Jeder 35. Bewohner der k. u. k. Monarchie war um 1900 ein Steirer, Graz mit 138.000 Einwohnern die viertgrößte Stadt ihrer österreichischen Reichshälfte und – in ihrem Selbstverständnis – die „letzte große deutsche Stadt im Südosten" (Friedrich Pock) mit einer besonderen Aufgabe und Mission.

Das Herzogtum Steiermark (vom Dachstein bis zur Save vor den Toren von Agram/Zagreb) stand an der Wiege der österreichischen Ländergruppe, hat Österreich mitgeprägt. Von Graz aus wurde Innerösterreich, ja selbst das Heilige Römische Reich, regiert. Die Steiermark galt seit alters her als wirtschaftliches Kernland. Das Selbstverständnis der Steirer war ausgeprägter als anderswo, die Provinz wurde nicht als etwas Minderwertiges empfunden, sondern als das Edlere, Härtere und Reinere gegenüber einer dekadenten Metropole. Die Semmeringgrenze blieb eine der ältesten innerhalb Österreichs, die Grenze an der Lafnitz war eine europäische.

Regiert, organisiert und verwaltet wurde das Herzogtum Steiermark bis 1918 parallel von zwei höchsten Instanzen. Vom Reich: Dem Kaiser, seiner Regierung und seiner staatlichen Behörde, der Statthalterei mit dem Statthalter in der Grazer Burg. Vom Land: Dem Steiermärkischen Landtag (der gesetzgebenden und verwaltenden Körperschaft), dem Landesausschuss (Landesregierung), und der Landes(selbst-)Verwaltung im Grazer Landhaus.

Was auf den Ersten Weltkrieg folgte, war das Ende des langen 19. Jahrhunderts, oft als die „gute, alte Zeit" bezeichnet und der Beginn des oft als „kurz" bezeichneten 20. Jahrhunderts: Vom Zerbrechen der großen Imperien 1917/18 bis zum Zusammenbruch der KP-Regime in Osteuropa 1989/91, hat es sich tief im kollektiven Bewusstsein der Menschen eingeprägt: Zwei Weltkriege, die Herrschaft faschistischer und kommunistischer Diktaturen, der Staatsterror, die Liquidierung von Millionen Menschen aus Rassen- und Klassengründen durch Genozide, inszenierter Hunger und politische Säuberungen, die Teilung Europas durch den „Eisernen Vorhang" und die Eliminierung „Mitteleuropas", die Aufstände gegen die KP-Diktaturen, die 68er-Bewegung als Aufstand der Jugend gegen Krieg und für eine „neue Welt", die wirtschaftliche und politische Integration (West- und Zentral-)Europas nach 1989/91. Technische und wirtschaftliche Erfolge führten zu einem zuvor nie gekannten Wohlstand breiter Schichten, überdeckten aber vielfach auch die Kehrseite des vermeintlichen Fortschritts: Die Zerstörung der Umwelt, der Lebensgrundlagen des Menschen.

„Das 20. Jahrhundert. Es hatte besser sein wollen, als die anderen. Es hatte keine Zeit dies zu beweisen!", wird die polnische Literaturnobelpreisträgerin Wisława Szymborska zitiert. Ja, es wurde:
- Das „Jahrhundert der Extreme": Revolutionen und die längste Friedensphase, bittere Armut und große Reichtümer, der Holocaust an den europäischen Juden durch das NS-Regime, die Genozide durch Stalin an Armeniern, (Volks-)Deutschen oder Kalmücken, politische Verfolgung in vorher nie gekanntem Ausmaß, Seuchen, Aids und medizinische Spitzenleistungen, Raumfahrt, atomare Hochrüstung und Elend in den „Dritte-Welt-Ländern".
- Das Jahrhundert der „Führer": Mao, Stalin und Hitler prägten als „Führer" das Jahrhundert. Dabei

wurden unter den Forderungen von Ideologien und „Heilslehren" grausamste Massenverbrechen verübt.
- Das Jahrhundert der Kommunikation: Der Ursprung der Informationsgesellschaft mit Computer(n), Internet und Facebook markiert den Beginn der Entkoppelung von Raum und Zeit.
- Das Jahrhundert der Vereinsamung des Menschen: Von der Armuts- zur Sinnkrise – letztlich zu einer weitgehenden Entsolidarisierung, Vereinsamung des Menschen. Eine häufige Antwort: Ich-bezogenes Leben, Konsumrausch, passives Erleben mit Animation.

Die Entwicklung Österreichs und der Steiermark blieb von diesen Rahmenbedingungen nicht abgekoppelt. Vier Generationen, sechs Staatswesen (Monarchie, Republik Deutsch-Österreich, Republik Österreich, Bundesstaat Österreich, Deutsches Reich, Republik Österreich), sechs Eide auf sechs Staatswesen und die Integration in die EU prägten die Steirer zwischen Tradition, Modernisierung, Wiederaufbau, Konsum und neuen Wanderungsströmen vom Balkan und aus Osteuropa. Dazu kamen die individuellen Bezüge, die persönlichen Lebens- und Berufsabschnitte: Hochzeit, Geburt der Kinder, Tod von Angehörigen. Krieg, Gefangennahme, Heimkehr, der Bau des Einfamilienhauses, der erste Traktor auf dem Hof, die erste Waschmaschine im Haushalt, das erste Auto, der erste Urlaub, das Wochenendhaus.

Politisch blieb die Steiermark, obwohl stark industrialisiert, das ganze Jahrhundert über ein „schwarzes" Kernland; dominiert in der Zwischenkriegszeit von den Christlichsozialen, nach dem Zweiten Weltkrieg von der Österreichischen Volkspartei. Ausnahmen waren v.a. die unmittelbaren Nachkriegszeiten 1918 und 1945 (mit dem Deutschfreiheitlichen Wilhelm v. Kaan und dem Sozialisten Reinhard Machold als Landeshauptmännern) und die Jahre seit 2005 mit dem Sozialdemokraten Franz Voves. Prägende Landeshauptmänner wurden Anton Rintelen, Josef Krainer (Vater und Sohn), Waltraud Klasnic (die erste Landeshauptfrau in Österreich) und seit Kurzem das Gespann Voves – Hermann Schützenhöfer (ÖVP), das sich zu einer österreichweit beachteten Reformpartnerschaft zusammenfand, den Parteienproporz in der Landesregierung auflöste, den Landtag und die Landesregierung verkleinerte und sich nunmehr anschickt, die vielfach notwendige Zusammenlegung von Kommunen und Körperschaften zu verwirklichen. Im Parteienspektrum, das in der Zwischenkriegszeit sehr bunt war, fanden sich nach 1945 auch Kommunisten und seit 1986 die Grünen bzw. Grün-Alternativen. Signifikant wurde das Erstarken einer feministischen Bewegung (mit einem umfassenden gesellschaftlichen Anspruch), die Mitte der neunziger Jahre in der steirischen Frauenministerin Helga Konrad und ihrer Forderung nach einer gerechten Aufteilung der Hausarbeiten zwischen den Lebenspartnern („Halbe-Halbe") eine Speerspitze gefunden hatte.

Will man die Entwicklung des Landes in diesem „kurzen" 20. und beginnenden 21. Jahrhundert erfassen, so greifen Erklärungen, wie sie sich aus der Zeit nach 1918 ergeben, vielfach zu kurz. Ein Blick zurück auf die langen Trends, auf die „roten Fäden" und steirischen Eigenheiten hilft weiter: Das Selbstverständnis, Grenze und Brücke zu sein, die steirische Eigenständigkeit gegenüber den Zentralen in Wien, die Stärkung

des Föderalismus, die selbstbewusste „Nachbarschaftspolitik" und das offene Kulturklima nach dem Zweiten Weltkrieg.
- *Grenze und Brücke:* Grenzland („Hofzaun") des Reiches zu sein, war die jahrhundertealte Rolle des Landes: Religiös, kulturell, wirtschaftlich, politisch und militärisch. Führende Persönlichkeiten des Landes verstanden sich als „Grenzer". Durch die 1919 neu gezogene Südgrenze wurde ein Drittel des Landes abgetrennt (die Untersteiermark), von dem einige Gebiete länger zu den habsburgischen Kernlanden zählten als Kärnten oder Tirol. Die neue Grenze war im Wesentlichen auch eine ethnische. Ausnahmen: Die deutschen Sprachinseln und Zentren der größeren Städte in Slowenien (Jugoslawien) sowie die kleinen slowenischen Einsprengsel entlang der neuen Südgrenze von der Soboth bis Radkersburg. Während des „Dritten Reiches" wurde die Untersteiermark wieder angegliedert, die „alte" Grenze an der Save zu einer „Rassen"-Grenze; die Eindeutschung des slowenischen Gebietes sollte in zehn Jahren gelingen. Nach 1945 waren die Süd- und Ostgrenzen der Steiermark tot. Wenige Kilometer hinter Fehring lag der „Eiserne Vorhang", an der „Weinstraße" patrouillierten die Grenzsoldaten Tito-Jugoslawiens. Die gesamte Grenzregion (kleinbäuerlich, ohne nennenswerte Industrie, mit hohen Abwanderungsraten und niedrigem Pro-Kopf-Einkommen) war strukturschwach, bedurfte der Förderung. Mit ihnen kam der Paradigmenwechsel: Weg von der „Bollwerks"-, hin zur Wellness-Region. Als „Brücke" war das Land jahrhundertelang ein Scharnier im Handel und im Wissensaustausch zwischen Ungarn, Böhmen, Wien und dem Mittelmeer. Diese

Brückenfunktion war in den ersten Jahrzehnten des 19. Jahrhunderts reduziert, während der NS-Zeit ins Umgekehrte verdreht worden. Erst im bewussten Zugehen auf den Nachbarn im Süden, der während der NS-Herrschaft noch als „Untermensch" behandelt wurde, hatten Josef Krainer und Hanns Koren nach dem Zweiten Weltkrieg eine neue, tragfähige Brücke nach Südosten, über ideologische und politische Grenzen hinweg, errichtet.

- *Steirische Eigenständigkeit:* Das Herausstellen steirischer Eigenständigkeit, die Frontstellung gegen zentralistische Tendenzen und die Stärkung des föderalistischen Gedankens basierte auf einer starken wirtschaftlichen und historischen Position. Beides gab dem Land ein starkes Selbstwertgefühl, ein belebendes Ego: Hier lagen die Flaggschiffe der österreichischen Wirtschaft, hier gab es den meisten Wald („grünes Herz Österreichs"), hier arbeiteten bedeutende intellektuelle und künstlerische Kapazitäten, hier hatten Arbeiter- und Bauernschaft eine starke Macht in den Parteien. Hier lag österreichisches Urgestein. Im 15. Jahrhundert wählten die Kurfürsten den in Graz residierenden innerösterreichischen Habsburger zum deutschen König, der als Friedrich III. der letzte in Rom gekrönte Römisch-Deutsche Kaiser wurde. Sein Wahlspruch „A.E.I.O.U" wurde in Graz eingemeißelt. Hier mutierte Erzherzog Johann, der in einem Spannungsverhältnis zu seinem kaiserlichen Bruder Franz in Wien stand, zu einem Steirer, war Bürgermeister in Stainz, ehelichte eine Steirerin, förderte Industrie, Innovation, Institutionen und intervenierte für die Südbahn über den Semmering. Dazu kam die Typologisierung des

Landes als „Eherne Mark" (Erzberg) und als „Waldheimat" durch Peter Rosegger: Erdverbunden, das Neue, das „Moderne" nicht unbesehen übernehmend, provinziell-stolz. Stolz auch in den Spannungen mit Wien, wenn Zentralismus auf den gelebten Föderalismus prallte, krasse und messbare Benachteiligungen sichtbar wurden. „Steirerblut ist kein Himbeersaft" wurde eine Kampfandrohung, etwa in der Semmering- oder in der „Draken"-Frage. Die zeitweilige Abkehr von Wien fand Eingang in den Alltag bis zum sprichwörtlichen „schönsten Ort in Wien" [dem Südbahnhof] oder dem äußerst populären Schlager der Fürstenfelder Gruppe „STS": „I wüll wieder ham". Die steirischen „Stoanis" wurden eine der populärsten Volksmusikgruppen des deutschsprachigen Raumes.

Steirische Nachbarschaftspolitik: Im Gegensatz zu einer seit dem 19. Jahrhundert praktizierten, teilweise auch rassistisch motivierten Germanisierungsstrategie, machten nach 1945 Josef Krainer sen. und bald auch Hanns Koren (für die Kultur) eine 180-Grad-Wendung und starteten eine aktive Nachbarschaftspolitik über ideologische und nationale Grenzen hinweg. In der Kultur zeigten etwa die Dreiländerbiennale „trigon" (mit Slowenien und Italien) oder das „Mogersdorf Symposion" (mit Ungarn, Kroatien und dem Burgenland) die neue Richtung, die schließlich in den siebziger Jahren in der erfolgreichen „Arbeitsgemeinschaft Alpen-Adria" mündete. Die rasche Anerkennung Sloweniens durch Österreich war auch ein Erfolg dieses Weges.

Aus der „Enge" zur „Weite und Tiefe": Kunst und Kultur wurden identitätsstiftend und in der Gegensätzlichkeit breit angenommen: Zwei Drittel des Jahrhunderts lang ein Kontrapunkt zur Wiener „Moderne", heimat- und erdverbunden ausgerichtet, ab den sechziger Jahren die Avantgarde im deutschen Sprachraum. Hanns Koren schuf die Klammer und führte aus der „steirischen Enge" mit dem Postulat von „Heimat ist Weite und Tiefe" heraus. An der Steiermark gingen die meisten Innovationen der „Moderne" des „fin de siècle" vorbei, sieht man etwa vom Romancier Leopold von Sacher-Masoch ab, der bis 1872 in Graz lebte. Die Identität war festgeschrieben: Deutsch, wachsam, katholisch, erdverbunden. Peter Rosegger (gestorben 1918) wurde zu einem der meist gelesenen Schriftsteller im deutschen Sprachraum. Mit ihm fand die steirische Identität ihre Erfüllung in der Gemeinschaft und in der Pflege uralter Werte. Die „schnelle" Zeit, der schnelle Genuss, blieb ihm fremd. Er wusste, wo er daheim war, er lebte mit seinen Wurzeln: Sein „Freund, der nach Amerika ging", brauchte Erde aus der Steiermark („musyl & joseppa" nach Peter Rosegger).

Die Neupositionierung der steirischen Kultur- und Kunstszene ging einher mit dem Künstlerhaus, das die bildende Kunst in das Zentrum der Stadt rückte, mit dem „Forum Stadtpark", einem Seismographen des internationalen Kunstgeschehens, mit dem „steirischen herbst", der schnell zur Avantgarde im deutschen Sprachraum wurde. In Graz begann Peter Handke, hier arbeiteten Wolfgang Bauer, Barbara Frischmuth, Alois Hergouth oder Gerhard Roth. Hier entwickelte sich eine breite, international beachtete Szene an Literaten, Malern, Jazz-Musikern und Architekten, über viele Jahre gespeist von Kärntnern, die in Graz studierten und hier arbeiteten. 2003 wurde Graz „Kulturhauptstadt Europas", Kunsthaus und Murinsel neue Wahrzeichen der Stadt, die zudem 2011 „City of

Design" der UNESCO wurde. Zuvor schon hatte man mit dem Neubau der 1938 eingeäscherten jüdischen Synagoge (auf dem alten Standort und teilweise mit den Ziegeln der alten Synagoge) einen Markstein in der Aufarbeitung der belasteten Vergangenheit der Stadt („Stadt der Volkserhebung") gesetzt (2000). Mit der modernen Neugestaltung des „Joanneum" schuf man 2011 das größte und bedeutendste Universalmuseum Österreichs und behielt es im Zentrum des städtischen Geschehens.

Neben diesen starken Markierungen, die zu steirischen Identitäten wurden, prägten das Land in besonders großem Maße die große Aufnahmebereitschaft von Flüchtlingen (seit der Ungarnkrise 1956), das über lange Strecken gelebte „steirische politische Klima" der persönlichen Achtung des politischen Mitbewerbers, eine große Volksfrömmigkeit und all das, was Nicht-Steirer an dem Land besonders schätzen: Kernöl, „Krainer"-Würstel, „Schilcher"-Wein, „Verhackertes" und „Sterz".

Politische Wahlergebnisse bei Landtags- und Nationalratswahlen unterschieden sich in der Steiermark deutlich voneinander. Während bei Nationalratswahlen das „linke" Lager (Sozialdemokraten/Sozialisten, Kommunisten) dominierte, war bei Landtagswahlen das katholisch-konservative Lager (Christlichsoziale, ÖVP) vorne. Da wählte auch ein größerer Teil der Arbeiterschaft „schwarz", vor allem wegen der starken Persönlichkeiten Rintelen, Krainer (Vater und Sohn), Niederl und Klasnic. Erst 2005 und 2010 konnten die Sozialdemokraten im Land die ÖVP überholen und mit Franz Voves den ersten frei gewählten SPÖ-Landeshauptmann stellen. Das nationale Lager wurde in der Ersten Republik aus mehreren deutschnationalen Parteien, in der Zweiten Republik aus dem VdU, der FPÖ und dem BZÖ gebildet. In der Zweiten Republik hatte das Lager vor allem mit dem VdU und mit der FPÖ unter dem Grazer Bürgermeister Alexander Götz sowie in den neunziger Jahren unter Bundesobmann Jörg Haider stärkere Stimmenanteile verbuchen können. Deutlich ist bei den Wahlen die gegenläufige Bewegung von katholisch-konservativem und nationalem Lager zu beobachten, was auf ein teilweise gleiches, historisch begründbares Wählerreservoire hinweist.

Die österreichischen Konjunkturzyklen prägten auch die steirische Entwicklung. Allerdings waren die Krisen der dreißiger und der siebziger und der neunziger Jahre seit 2008 wegen des hohen Anteils an Schwer- sowie eisen- und stahlverarbeitender Industrie in der Steiermark stärker, der Wiederaufbauphase belebender und der Aufschwung seit Mitte der neunziger Jahre wesentlich kräftiger gewesen. Wie sich die Krise seit 2008 auswirken wird, bleibt abzuwarten.

Wirtschaftlich hatte die Steiermark um 1900 keine „verspätete" Industrialisierung. Im Gegenteil: Das Land zählte zusammen mit Böhmen und dem Raum Wien – Wiener Neustadt zu den industriellen Kernzonen des Habsburgerreiches. Ebenso stark entwickelt war die Land- und Forstwirtschaft („Grüne Mark") mit den höchsten Agraranteilen unter allen österreichischen Ländern. Die Umkehrung der Bedeutung der drei Wirtschaftssektoren: Land- und Forstwirtschaft (primärer Sektor); Bergbau, Industrie und Gewerbe (sekundärer Sektor); Dienstleistungen (tertiärer Sektor) weg von der Landwirtschaft und Industrie und hin zum Dienstleistungssektor zeigt den größten Umschichtungsprozess und die Auswirkungen der Modernisierung in der steirischen Wirtschaft.

Wirtschaftskrisen, Umschichtungen und Modernisierungen führten immer wieder zu hoher Arbeitslosigkeit. In der Steiermark lag diese meist über dem österreichischen Durchschnitt. Arbeitslos war gleichbedeutend mit sozialer Not. Kinder konnten in den dreißiger Jahren nicht zur Schule gehen, weil nicht genügend Schuhwerk im Hause war; wenn Kinder um Brot baten, hatte die Mutter oft keines zum Austeilen. Die soziale Not hatte direkte Auswirkungen auf die Radikalisierung und Gewaltbereitschaft in den dreißiger Jahren und wesentlich zum Aufstieg des Nationalsozialismus. Eine der politischen Lehren und Folgen war, die Arbeitslosigkeit niedrig zu halten, vielfach um den Preis einer hohen Verschuldung des Staates, die abzubauen man den folgenden Generationen aufbürdete.

Ein neues wirtschaftliches Standbein konnte das Land im Tourismus aufbauen, obwohl die Gästezahlen in den achtziger und neunziger Jahren stagnierten und, meist wetterbedingt, in einzelnen Jahren sogar rückläufig waren. Der Steiermark gelang dabei eine Umorientierung von der Sommerfrische, der „heimlichen" Wander- und Bergregion hin zu einem Erlebnisland mit internationalen, sportlichen Großveranstaltungen als Werbeträger und neuen touristischen Zentren: den Schiregionen „Dachstein-Tauern", oberes Murtal und „Südautobahn", dem „Almenland", sowie der Thermen- und Wellness-Region. In der Gästestruktur spürte man die Umkehr erst in den letzten Jahren, denn die Steiermark war über lange Jahre ein Erholungsraum vor allem für den Inlandsgast, der über zwei Drittel der Nächtigungen stellte, geblieben.

Die Bevölkerungsentwicklung zeigte bis Anfang der dreißiger Jahre eine jährliche Ein-Prozent-Steigerung, dann rutschte man auf ein Plus von nur noch einem Viertelprozent ab. Als Folge der Weltwirtschaftskrise sanken die Geburten weiter bis zur Jahresmitte 1938 und nahmen erst im Zuge der NS-Wirtschaftskonjunktur, NS-ideologischer Vorgaben und Motive sowie sozialrechtlicher Besserungen (Kinderbeihilfen) stark zu. Wiederaufbau und die gute Konjunktur der sechziger Jahre schlugen sich in einem Babyboom nieder, der den Wert des Jahres 1940 erreichte. Ab Ende der sechziger Jahre wurde die Geburtenentwicklung nicht mehr durch Kriege oder die Wirtschaftskonjunktur verändert, sondern erstmals durch die Indikatoren des Wohlstands und einer Konsumgesellschaft mit Anti-Baby-Pille, die Emanzipation der Frau, die Neuformierung der Familie, den Trends zu Lebensgemeinschaften auf Zeit und zum langjährigen Singleleben.

Aus der ausgeglichenen Altersstruktur der steirischen Bevölkerung anfangs des Jahrhunderts war bis 2000 eine stark überalterte, durch die Folgen zweier Weltkriege dominant weibliche Gesellschaft mit zunehmend weniger Geburten geworden; mit schlechteren Werten als der österreichische Durchschnitt. So verlor das Land seit Ende der sechziger Jahre kontinuierlich Anteile an der österreichischen Bevölkerung. Die kleineren Zuwächse nach dem Jahr 2000 gehen ausschließlich auf die Zuwanderung und die deutlich gestiegene Lebenserwartung (Männer 77,8, Frauen 83,5 Jahre) zurück.

Zaghaft seit den siebziger Jahren, vor allem jedoch seit 1989 gingen die Grenzbalken gegenüber Jugoslawien und Ungarn hoch, doch das Land lief in den neunziger Jahren Gefahr, aus diesem Vorteil zu wenig Nutzen zu ziehen und die Ostöffnung – nach einer ersten Euphorie – als Last zu empfinden. Zu stark wirkten noch die Krisen in der Obersteiermark und nicht gelungene Umstellungen nach. So war das Land bis Mitte der neunziger Jahre unter den 243 Regionen der EU in das Mittelfeld abgerutscht, innerhalb Österreichs lag man 1993 in wesentlichen Bereichen bereits an letzter Stelle.

Dem negativen Befund wurde entgegengesteuert: Psychologisch, ökonomisch, politisch und innovativ. Die Punze als „alte Krisenregion", die Investitionsunlust, Abwanderung, Alterung und ein wirtschaftsfeindliches Klima erzeugte, überwand man durch die punktgenaue Förderung von High-Tech, durch eine Förderung und Verschränkung von Forschung an den Hochschulen und in den Labors der Institute mit der industriellen Entwicklung, durch die methodisch neue Zusammenfassung vieler kleiner und mittlerer Betriebe in Produktions-Clustern sowie durch eine Imagepflege.

Binnen fünf Jahren schaffte man einen gewaltigen Sprung im Regionen-Ranking der EU vom 119. auf den 53. Platz im Jahr 1998 und innerhalb der österreichischen Bundesländer auf die fünfte Stelle: Vor Niederösterreich, Oberösterreich, Kärnten und dem Burgenland. In der Kategorie „Qualifikation" erreichte das Land unter den 243 EU-Regionen sogar den 29. Platz, knapp vor Wien. Die Steiermark gründete die meisten Fachhochschulen, führte speziell für Lehrlinge 1991 einen „Bildungsscheck" zur beruflichen Weiterbildung ein und forcierte grenzüberschreitende Bildungskooperationen. Unter allen zwischen 1993 und 1998 neu gegründeten Unternehmen lag die Branche „Datenverarbeitung und Unternehmensberatung" bereits an vierter Stelle. Telematik wurde eine neue Studienrichtung an der Technischen Universität Graz. Jedes vierte

Handy weltweit hat seit über zehn Jahren ein „steirisches Intelligenzzentrum" (Leiterplatte) eingebaut.

Der Aufschwung war zweifelsohne auch durch die EU-Regionalförderprogramme möglich geworden, von denen die Steiermark innerhalb Österreichs besonders stark profitierte. Das Auslaufen dieser Förderprogramme, mehr noch ihr Start in den Nachbarregionen Ungarns und Sloweniens, brachte dem Land ab 2003/04 allerdings starke Wettbewerbsnachteile.

Literaturhinweise

Das Buch basiert wesentlich auf den Vorarbeiten des Autors und eines 1996–1999 vom Land Steiermark geförderten, wissenschaftlichen Projektes. Es wird daher auf die Literatur- und Quellenangaben im Buch: Stefan Karner, Die Steiermark im 20. Jahrhundert. Politik – Wirtschaft – Gesellschaft – Kultur, 2. Aufl., Graz 2005, verwiesen. Ergänzende, seit 2005 erschienene und hier verwendete Publikationen finden sich in der folgenden Zusammenstellung.

Ableitinger Alfred – Beutl Bernd, 60 Jahre Steirische Volkspartei. Für die Steiermark Partei ergreifen! Graz 2005.
Besser Bruno P. – Iber Walter M., Karner Stefan (Hg.), Nordberg. Der Weg in den Weltraum. Beitragsband zu Symposium und Ausstellung in Fehring 2010, Graz – Fehring 2010.
Binder Dieter A – Konrad Helmut – Staudinger Eduard G. (Hg.), Die Erzählung der Landschaft, Wien – Köln – Weimar 2011.
Binder Dieter A. – Wassermann Heinz, Die steirische Volkspartei oder Die Wiederkehr der Landstände, Graz 2008.
Cucek Filip – Moll Martin, Priester hinter Gittern. Die Berichte der im Sommer 1914 in der Untersteiermark verhafteten Geistlichen an ihren Bischof, Ljubljana 2006.
Desput Joseph F. (Hg.), Vom Bundesland zur europäischen Region. Die Steiermark von 1945 bis heute, Bd. 10, Graz 2004.
Dornik Wolfram – Graßmug Rudolf – Karner Stefan (Hg.), GrenzenLos. Österreich, Slowenien und Ungarn 1914–2004. Beitragsband zur Ausstellung im Gerberhaus Fehring, Graz – Fehring 2007.
Engelke Edda, „Einem besseren Leben entgegen?". Ungarische Flüchtlinge 1956 in der Steiermark, Innsbruck – Wien – Bozen 2006.
Freidl Wolfgang – Poier Birgit, NS-Euthanasie in der Steiermark. Wiedergefundene Lebensgeschichten von Grazer Opfern der Rassenhygiene, Graz 2005.
Halbrainer Heimo, „Der größte Lump im ganzen Land, das ist und bleibt der Denunziant". Denunziation in der Steiermark 1938–1945 und der Umgang mit den Denunzianten in der Zweiten Republik, Graz 2007.
Halbrainer Heimo – Ehetreiber Christian, Todesmarsch Eisenstraße 1945. Terror, Handlungsspielräume, Erinnerung: Menschliches Handeln unter Zwangsbedingungen, Graz 2005.
Halbrainer Heimo – Lamprecht Gerald – Mindler, Ursula, Unsichtbar. NS-Herrschaft: Widerstand und Verfolgung in der Steiermark, Graz 2008.
Hoffmann Georg – Goll Nicole-Melanie – Lesiak Philipp, Thalerhof 1914–1936. Die Geschichte eines vergessenen Lagers und seiner Opfer, Budapest 2010.
Hösele Herwig, Landesfürst & Landesmutter. Zwei Charaktere – ein Ziel, Graz 2007.
Jontes Günther – Schilhan Günter, Zeit.Geschichten. Die Steiermark 1938–1955, Graz 2007.

Karner Stefan, Der Krieg an der österreichisch-slowenischen Grenze 1991 und seine Folgen, in: politicum 109, 30. Jg., Graz 2009, S. 65–68.

Karner Stefan, Zu den Anfängen der sowjetischen Besatzung in Österreich, 1945/46, in: Rauchensteiner Manfried – Kriechbaumer Robert (Hg.), Die Gunst des Augenblicks, Wien – Köln – Weimar 2005, S. 139–185.

Karner Stefan, Zum Umfang der sowjetischen Demontagen in Österreich 1945/46, in: Karl Hardach (Hg.), Wirtschaftshistorische Studien. Festgabe Othmar Pickl, Frankfurt am Main 2007, S. 117–168.

Karner Stefan, Zur Auslieferung der Kosaken und Vlasov-Kämpfer an die UdSSR, in: Ruggenthaler Peter – Iber Walter M., (Hg.), Hitlers Sklaven – Stalins „Verräter", Innsbruck – Wien – Bozen 2010, S. 281–287.

Karner Stefan, Zur zwangsweisen Übergabe der Kosaken an die Sowjets 1945 in Judenburg, in: Stadler Harald – Steininger Rolf – Berger Karl C., Die Kosaken im Ersten und Zweiten Weltkrieg, Innsbruck – Wien – Bozen 2008, S. 141–149.

Karner Stefan – Karl Duffek (Hg.), Widerstand in Österreich 1938–1945. Die Beiträge der Parlaments-Enquete 2005, Graz – Wien 2007

Karner Stefan – Gsell Heide – Lesiak Philipp, Schloss Lannach 1938–1949, Graz 2008.

Karner Stefan – Kopetz Heinrich (Hg.), Die Grüne Mark. Steirische Land- und Forstwirtschaft im 20. Jahrhundert. 75 Jahre steirische Landwirtschaft 1929–2004, Graz 2004.

Karner Stefan – Mikoletzky Lorenz (Hg.), Österreich. 90 Jahre Republik. Beitragsband der Ausstellung im Parlament, Innsbruck – Wien – Bozen 2008.

Karner Stefan – Pickl Othmar (Hg.), Die Rote Armee in der Steiermark. Sowjetische Besatzung 1945, Graz 2008.

Karner Stefan – Ruggenthaler Peter – Stelzl-Marx Barbara (Hg.), NS-Zwangsarbeit in der Rüstungsindustrie. Die Lapp-Finze AG in Kalsdorf bei Graz 1939 bis 1945, Graz 2004.

Karner Stefan – Ruggenthaler Peter u.a., Zwangsarbeit in der Land- und Forstwirtschaft auf dem Gebiet Österreichs 1939 bis 1945, Wien – München 2004.

Karner Stefan – Stelzl-Marx Barbara (Hg.), Stalins letzte Opfer. Verschleppte und erschossene Österreicher in Moskau 1950–1953, Wien – München 2009.

Karner Stefan – Stelzl-Marx Barbara (Hg.), Die Rote Armee in Österreich. Sowjetische Besatzung 1945–1955. Beiträge, Graz – Wien – München 2005.

Kubinzky Karl A. – Wentner Astrid M., Grazer Straßennamen. Herkunft und Bedeutung, Graz 2009.

Lappin-Eppel Eleonore, Ungarisch-Jüdische Zwangsarbeiter und Zwangsarbeiterinnen in Österreich 1944/45. Arbeitseinsatz – Todesmärsche – Folgen, Wien 2010.

Lipsky Herbert, Kunst einer dunklen Zeit. Die bildende Kunst in der Steiermark zur Zeit des Nationalsozialismus. Ein Handbuch, Graz 2010.

Mindler Ursula, Portschy Tobias, Biographie eines Nationalsozialisten. Die Jahre bis 1945, Eisenstadt 2006.

Moll Martin, Kein Burgfrieden. Der deutsch-slowenische Nationalitätenkonflikt in der Steiermark 1900–1918, Innsbruck – Wien – Bozen 2007.

Presterl Josef Martin, Im Schatten des Hochschwab. Skizzen aus dem steirischen Widerstand, Graz 2010.

Riegler Josef (Hg.), Die neue Steiermark. Unser Weg 1945–2005, Graz 2005.

Ruggenthaler Peter, „Ein Geschenk für den Führer". Sowjetische Zwangsarbeiter in Kärnten und der Steiermark 1942–1945, Graz 2002.

Schöpfer Gerald (Hg.), Menschen & Münzen & Märkte. Judenburg 1989.

Schöpfer Gerald (Hg.), Seniorenreport Steiermark. Graz 1999.

Sixl Peter, Sowjetische Kriegsgräber in Österreich, Graz – Wien – Klagenfurt 2005.

Sixl Peter (Hg.), Sowjetische Tote des Zweiten Weltkrieges in Österreich. Namens- und Grablagenverzeichnis. Ein Gedenkbuch, Graz – Wien 2010.

Speckner Hubert, In der Gewalt des Feindes. Kriegsgefangenenlager in der „Ostmark" 1939 bis 1945, Wien – München 2003.

Stadler Harald – Kofler Martin – Berger Karl C., Flucht in die Hoffnungslosigkeit. Die Kosaken in Osttirol, Innsbruck – Wien – Bozen 2005.

Wimmer Kurt, Der Brückenbauer. Hanns Koren (1906–1985). Ein Porträt, Graz 2006.

Wolf, Gerald M., Jetzt sind wir die Herren ... Die NSDAP im Bezirk Deutschlandsberg und der Juli-Putsch 1934, Innsbruck – Wien – Bozen 2009.

Generell zur Steiermark im 20. Jahrhundert sei noch auf folgende Überblickswerke verwiesen:

Landesstatistik Steiermark, im Internet und in Periodika.

Steirisches Jahrbuch für Politik, 2005ff.

Stefan Karner, Die Steiermark im Dritten Reich 1938–1945. 3. Auflage, Graz 1994.

Hans Pirchegger, Geschichte der Steiermark, Graz 1949.

Ferdinand Tremel, Land an der Grenze, Graz 1966.

Walter Zitzenbacher (Hg.), Landeschronik Steiermark, München 1988.

Namensregister

Acham, Karl 174
Achleitner, Friedrich 168
Adamovich, Ludwig 174
Ahrer, Jakob 19, 22, 23
Anders, Christian 163
Apold, Anton 25
Artmann, H. C. (Hans Carl) 168
Attems, Edmund 15
Auer, Fritz 139
Augustin, Karl 101
Bacher, Gerd 162
Bammer, Hannes 147
Bärnthaler, Judith 131
Bartenstein, Martin 184, 193
Bartoszewski, Ladislaus 177
Bauer, Otto 19
Bauer, Siegfried 128
Bauer, Wolfgang 168f., 215
Baule, Bernhard 127, 174
Baumgartner, Ulrich 125
Baumjohann, Wolfgang 187
Bayer, Erika 125f.
Bergmann, Kurt 180, 203
Bijl, Guillaume 204
Biró, Christoph 203
Brandt, Willy 175
Brandweiner, Heinrich 135f.
Brauneder, Wilhelm 185
Breschnjew, Leonid I. 139
Brunner, Karl 114, 117, 135
Brus, Günther 204
Buchmann, Christian 192, 194f.
Bürckel, Joseph 49, 54
Burkard, Otto 128
Busch, Friedrich 59
Čarnogursky, Jan 177
Chandrasekhara, Raman V. 48
Chruschtschow, Nikita S. 138
Clary-Aldringen, Manfred 14
Cocker, Joe 163
Cook, Peter 201
Cori, Carl Ferdinand 48
Cori, Gerty Theresa 48
Croce, Helmut 171
Csoklich, Fritz 135
Dadieu, Armin 39, 48, 56, 85, 94

Decleva, Mario 170
Delpin, Werner 27
Dienstleder, Alois 33, 36, 95f., 107–110
Dollfuß, Engelbert 31–34, 37, 39
Domenig, Günther 171
Dörflinger, Günther 186, 188
Dorner, Dieter 162
Draxler, Gerhard 203
Drews, Karl 64
Drimmel, Heinrich 164
Dylan, Bob (Robert Allen Zimmerman) 163
Ecker, Dietrich 171
Ederer, Brigitte 176
Edlinger, Familie 64
Edlinger-Ploder, Kristina 188, 194f.
Eichholzer, Herbert 80
Eisendle, Helmuth 169
Eisenköck, Günther 171
Eisler, Johann 14, 18
Elisabeth II. 138
Elser, Viktor 107
Elsnitz, Josef 117
Erlitz, Wolfgang 188
Fabian, Gottfried 170
Falk, Gunther 168
Farkas, Bela 131
Faymann, Werner 193
Federhofer, Karl 48
Feldgrill, Franz 140, 162
Fenz, Werner 204
Fey, Emil 33f.
Figl, Leopold 109f.
Fischer, Ernst 110
Fischer, Gustav 78f.
Fischer, Heinz 190
Fischer, Otto 110
Fischl, Johann 173
Flecker, Kurt 193f., 202
Fleming, Alexander 128
Fleury, Sylvie 204
Forest, Liane 125
Fournier, Colin 201
Franz I. 213
Friedrich III. 213

225

Frischenschlager, Friedhelm 149
Frischmuth, Barbara 168f., 215
Fuchs, Abraham 58
Fuchs, Hans Georg 147
Gapp, Georg 66
Gaulle, Charles de 139
Geramb, Viktor 47
Gerhold, Ernst Ch. 162
Geschwinder, Familie 64
Giencke, Volker 171
Goebbels, Joseph 78, 89
Gonzales-Torres, Felix 204
Gorbach, Alfons 32, 36, 40f., 49, 60, 63, 96, 109, 114, 117, 136
Gorbatschow, Michail S. 155
Göring, Hermann 72
Göth, Amon 115
Götschl, Renate 206
Götz, Alexander 133, 142–146, 148, 217
Graham, Patrick L. 104
Gross, Hans 132, 146–148, 150, 181
Grossmann, Elisabeth 193–195
Gruber, Josef 140, 181
Gruber, Reinhard P. 169
Guevara de la Serna, Ernesto („Che") 138
Guggenberger, Leopold 143
Gürtler, Alfred 23
Gusenbauer, Alfred 193
Haacke, Hans 167
Haberl, Horst Gerhard 171
Habicht, Theo 30
Hafferl, Anton 85
Hafner, Bernhard 171
Hagenhofer, Franz 19f.
Hagenhofer, Johann 18
Hahn, Wolfgang 174
Haider, Jörg 118, 133, 150, 180, 182, 192, 217
Hainzl, Josef („Sepp") 70
Handke, Peter 168f. 215
Hanusch, Ferdinand 19
Harrer, Heinrich 48
Hartlauer, Fritz 170
Hartleb, Karl 31
Hasiba, Franz 142–144, 148
Havel, Vaclav 177
Heidinger, Gerhard 147

Heinzel, Gertrude 64
Helfrich, Josef („Sepp") 39, 43, 48
Helmer, Oskar 117
Hendrix, James Marshall („Jimmi") 162
Hengstler, Wilhelm 168
Heppner, Fritz 174
Hergouth, Alois 168, 215
Herzog, David 49, 59f.
Hess, Viktor Franz 47
Himmler, Heinrich 48
Hirschmann, Gerhard 181, 185, 187f., 191f.
Hirt, Helmut 192
Hirt, Rudolf 170
Hitler, Adolf 28, 30f., 33, 40–43, 45f., 49, 51, 53–55, 75, 86, 209
Ho Chi Minh 138
Hoffer, Heinrich 169
Hoffer, Klaus 169
Hoffmann, Hubert 171
Hofmann-Wellenhof, Otto 123
Hollersbacher, Josef 112
Honner, Franz 110
Horvatek, Norbert 107, 109, 116
Hösele, Herwig 179
Huber, Franz 37, 87, 114
Huth, Eilfried 171
Hüttenegger, Bernhard 169
Hüttig, Gustav F. 128
Illig, Udo 112, 124
Jakob, Marienbruder 66
Jandl, Ernst 168
Jasser, Manfred 117
Jelinek, Elfriede 169
Jelzin, Boris N. 103
Johann, Erzherzog 38, 52, 78, 134, 166, 213
Johannes, Franziskanerpater 66
Johannes Paul II. 177
Johnson, Lyndon B. 139
Jonas, Franz 138
Jonke, Gerd 169
Josl, Arthur 95
Jost-Bleckmann, Magda 186
Jungwirth, Kurt 137, 142, 165
Jürgens, Udo (Udo J. Bockelmann) 161
Kaan, Wilhelm 15, 19, 211

Kada, Klaus 171
Kaltenbrunner, Ernst 48
Kaltenegger, Ernest 192
Kammerhofer, Konstantin 28, 31
Kapellari, Egon 172
Kapfhammer, Wolfgang 171
Karl, Beatrix 193
Karner, Stefan 59, 174, 187
Kaspar, Julius 43, 56
Kasper, Gerhard 87
Kaufmann, Marie 20
Kellermayr, Rudolf 125
Kennedy, John F. 135, 138, 164
Kennedy, Robert F. 138, 164
Kennedy-Shriver, Familie 197
King, Martin Luther 138, 164
Kirchschläger, Rudolf 143
Klasnic, Simon 186
Klasnic, Waltraud 178f., 184–188, 190–192, 211, 216
Klaus, Josef 136f., 141
Klausnitzer, Rudolf 162
Klemenčič, Igo 47
Kloepfer, Hans 53
Knall, Dieter 162
Kober, Karl 95
Koch, Gerhard 203
Kohl, Helmut 177
Koiner, Simon 147, 162
Kolesnikow, Nikolaj 101f.
Kolleritsch, Alfred 168
Kolles, Oswald 163
Konrad, Helga 211
Koren, Hanns 38, 126, 131–133, 137, 142, 164f., 170, 213–215
Korošec, Anton 13f., 16
Koschatzky, Walter 125
Kowalski, Karla 171
Krainer, Josef jun. 127, 132, 142, 144, 146f., 149f., 162, 165, 176–179, 181–185, 187, 211, 216
Krainer, Josef sen. 38, 49, 109, 111f., 116–118, 120, 131, 134–139, 142, 144, 211, 213f., 216
Kramer, Franz 110
Kraßnitzer, Johann („Hans") 125
Kratky, Otto 128
Krauland, Peter 38, 112
Kraus, Peter 161

Kreisky, Bruno 132, 140f., 145, 147f., 154f., 164
Kriesche, Richard 170f., 204
Kühr, Gerd 174, 201
Kun, Béla (Kohn Béla) 18
Kunschak, Leopold 34
Kurzmann, Gerhard 194f.
Lackner, Ursula 194
Laky, Tibor 131
Lawler, Louise 204
Lechner, Karl 174
Leichin, Johann 18
Leitner, Franz 73
Lendl, Hubert 167f.
Lenin, Wladimir I. (Uljanow) 93
Lerpscher, Michael 64, 66
Leskoschek, Albert („Axl") 47
Lichal, Robert 150
Lipp, Karl 49
Loewi, Otto 47, 49, 84
Loitzl, Wolfgang 206
Lojen, Gerhard 170
Lopatka, Reinhold 187, 193
Lum, Ken 204
Machold, Reinhard 32, 95f., 107, 109f., 115, 117, 178, 211
Majcen, Franz 194
Majster, Rudolf 16
Malzacher, Hans 72f.
Mantl, Wolfgang 165, 174, 187, 190
Mao Tse Tung 138, 209
Mateschitz, Dietrich 207
Matl, Josef 85
Matzner, Fritz 107, 109f.
Mauracher, Hans 47
Maurer, Hermann 174
Mayr, Ingrid 171
Mayr, Jörg 171
Mayr, Michael 21
Mayröcker, Friederike 168
Mazowiecki, Tadeusz 177
McCreery, Richard L. 104
Mell, Max 123
Metz, Karl 85, 128
Metzger, Maximilian Josef 66
Meyszner, August 28
Miklas, Wilhelm 45
Missoni, Herbert 171
Mitterböck, Fritz 110

Mock, Alois 145, 150, 176
Molnar, Jenő 131
Molterer, Wilhelm 193
Morak, Franz 193
Moswitzer, Gerhard 170
Mottl, Maria 128
Muchitsch, Max 64
Muchitsch, Vinzenz 35
Muliar, Fritz (Friedrich L. Stand) 124
Müller, Edmund 187
Müller-Haccius, Otto 56
Mussolini, Benito A. A. 26
Nabl, Franz 123
Nagelmüller, Hans 170
Nagl, Siegfried 190, 193
Nestler, Norbert 170
Neubacher, Karl 171
Neumann, Alfred 112
Neuper, Hubert 197
Niederl, Friedrich 132, 137, 140–142, 144, 146, 216
Nordberg, Willi 128
Oberborbeck, Felix 78
Oberhaidacher, Walter 30
Oberzaucher, Ludwig 15f.
Olah, Franz 135f.
Ortner, Gerold 177f.
Ortner, Karl 95, 101
Ortner, Steffi 178
Osterrieder, Adolf 170
Oviette, Vivian 170
Pace, Wilhelm 87
Pahlavi, Reza 138
Paierl, Herbert 185, 187, 189, 191
Papesch, Josef 77–80
Patterer, Hubert 203
Paul IV. 139
Paul, Franz 124
Paul, Hans 24f.
Pawlikowski, Ferdinand St. 49, 125
Payerl, Herbert 159
Pelzl, Bernhard 187
Pelzmann, Anton 147
Pfeiler, Johann 66
Pfrimer, Walter 20, 22, 26–28, 38
Pieller, Wilhelm 66
Pietsch, Leo 126f.
Pillhofer, Josef 170
Pirchegger, Anton 107, 110f., 113
Pittermann, Bruno 136
Platzer, Franz 127
Ploček, August 170
Pock, Friedrich 208
Pointner, Rudolf 170
Poketz, Familie 64
Polheim, Karl 85
Pollanz, Wolfgang 202
Pöltl, Erich 183, 188f.
Pölzl, Ditto 95f., 107, 110
Pölzl, Heinrich 170
Pongračič, Julia 64
Pongratz, Josef 15, 19
Porsche, Ferdinand 79
Portschy, Tobias 55, 62
Pregl, Fritz 47
Presley, Elvis 161
Prirsch, Ferdinand 109, 112, 137
Prisching, Franz 23
Probst, Otto 135
Pumpernig, Wolfgang 139
Quinn, Freddy (Franz E. H. Manfred Nidl) 161
Raab, Julius 17, 109f., 138
Rader, Ludwig 151, 182
Radley, Arthur Farrand 104
Raffay, Robert Michael 123
Rainer, Alfred 116
Ramek, Rudolf 21
Rauch, Karl 127
Rauscher, Franz 112
Rauter, Hanns 28
Reichenpfader, Ludwig 126
Renner, Karl 18, 53, 93, 104, 109f., 115
Resel, Johann 197
Ressel, Hans-Joachim 183
Riedler, Willibald 174, 187
Riegler, Josef 149, 159
Rieß, Hubert 171
Rieser, Peter 178
Riess-Passer, Susanne 187
Ringel, Julius 73, 93
Rintelen, Anton 15, 19–29, 33, 37f., 87, 211, 216
Rist, Pipilotti 204
Ritter, Walter 170
Rosa, Heinrich dalla 64, 66
Rosegger, Peter 78, 166, 214f.

Rosei, Peter 169
Rosenwirth, Alois 95f.
Rossmann, Mares 193
Rößner, Hubert 115
Roth, Gerhard 169, 215
Rucker, Helmut O. 187
Rückl, Engelbert 95, 109f.
Rudel-Zeynek, Olga 20
Ruf, Josef 64, 66
Ruthardt, Markus 203
Sacher-Masoch, Leopold 215
Salzmann, Simon 58
Sammer, Alois („Luis") 170
Sauer, Franz 174
Schachner-Blazizek, Alfred 116, 134
Schachner-Blazizek, Peter 132, 181f., 184–186, 188
Schaller, Hermann 177
Scharang, Michael 169
Schärf, Adolf 133
Schaumayer, Maria 179
Scheidl, Alfred 95
Scheu, Leopold („Leo") 124
Scheuer, Grete 123, 168
Schilcher, Bernd 139
Schleich, Johann 61
Schleinzer, Karl 145
Schmid, Hans 35, 41
Schmid, Michael 182f., 193
Schmidt, Alfred Paul 169
Schmidtbauer, Paul 47
Schneeberger, Josef 107
Schoiswohl, Josef 126f.
Scholz, Willi (Willy) 110
Schöpfer, Gerald 188f.
Schöpfer, Marianne 170
Schrempf, Eberhard 201
Schreyvogl, Friedrich 123
Schrittwieser, Siegfried 194f.
Schrödinger, Erwin 47, 84
Schumy, Vinzenz 112
Schuschnigg, Kurt 37–39, 41–43
Schüssel, Wolfgang 176, 184, 187, 193
Schuster, Ferdinand 171
Schützenhöfer, Hermann 177f., 187f., 192–195, 207, 211
Schwab, Werner 202
Schwarz, Hannes 170
Schwarzenberg, Karel 177

Schwarzenegger, Arnold 197
Sebastian, Adalbert 139f., 143f., 146
Sebastian, Herbert 139
Sedlak, Laszlo 131
Seeberg, Stella 85
Seipel, Ignaz 21f.
Seitinger, Johann 188f., 194f.
Semetkowski, Walter 82
Seyß-Inquart, Arthur 40, 48f.
Silberbauer, Fritz 47
Silhavy, Heidrun 193
Silveri, Alexander 170
Sinowatz, Fred 149f.
Skerbisch, Hartmut 204
Smelak, Adolf Gustav 48
Soucek, Theodor 115
Späth, Lothar 177
Speck, Eduard 109f.
Speer, Albert 73
Sperl, Dieter 202
Sperl, Gerfried 139
Stalin, Josef W.
  (Dschugaschwili) 93f., 103, 209
Starhemberg, Ernst Rüdiger 37
Stecher, Mario 206
Steidle, Richard 26
Steiner, Michael 187
Steinwender, Eduard 66
Stepan, Karl Maria 38, 41, 45, 49, 60, 63
Sterbenz, Edgar 203
Stingl, Alfred 144, 148, 162, 190
Stockbauer, Franz 111
Stocker, Leopold 19, 31
Stoiber, Edmund 177
Strobl, Helmut 139, 201
Stürgkh, Barthold 38, 96
Sünkel, Johann 187
Szilassy, Nadine 131
Szyszkowitz, Michael 171
Szyszkowitz, Rudolf 170
Tarjan, Thomas 131
Taus, Josef 145
Tausk, Martha 20
Thoma, Franz 24, 112, 117
Thöny, Wilhelm 47
Tichy, Gunther 174
Tito, Josip Broz 57, 63, 136–138
Tolbuchin, Fedor I. 92

Topitsch, Ernst 174
Trimbur, Heinrich 124
Tropper, Alfons 137
Trummer, Rolph 41f., 48f., 63
Tschernitz, Erich 181
Turek, Klaus 146f.
Turner, Tina (Anna Mae Bullock) 162
Turrini, Peter 201
Ude, Johannes 23f., 60, 84
Uiberreither, Sigfried 30, 39f., 48, 55, 57, 60, 64, 72f., 79, 81–84, 87
Ulrich, Friedrich 83
Urban, Paul 174
Vollath, Bettina 192–195
Voves, Franz 178f., 188, 191–195, 207, 211, 216
Vranitzky, Franz 150, 176, 181, 184f.
Wabl, Matthias 139
Waldheim, Kurt 89, 150
Waldorf, Günther 167, 170
Wałęsa, Lech 177
Wallisch, Koloman 24, 35
Wallner, Josef 111
Weber, Johann 162
Weber, Kurt 170
Wegart, Franz 112, 135, 140, 142
Wegener, Alfred 48
Wegener, Liselotte („Lotte") 48
Wegscheider, Manfred 192, 194
Weibel, Peter 204
Weir, Stephen C. E. 104
Wickenburg, Alfred 47
Wilburg, Walter 174
Wilkinson, Alexander C. 104
Wilson, (Thomas) Woodrow 13
Wimmer, Kurt 203
Winkler, Franz 24, 31
Wlassow, Andrej A. 102
Wojtiła, Karol siehe Johannes Paul II.
Wultsch, Ferdinand 107
Wutte, Viktor 14, 17f.
Young, Neil 163
Zach, Richard 64, 80
Zankel, Erwin 203
Zappa, Frank 163
Zelburg, Franz 60
Ziesel, Günther 203

Zilk, Helmut 190
Zobernig, Heimo 204
Zotter, Fritz 171

Bildnachweis

Israelische Kultusgemeinde S. 200
Karner, Stefan S. 21, S. 27, S. 45, S. 53, S. 54, S. 59, S. 60, S. 72, S. 76,
S. 79, S. 91, S. 93, S. 103, S. 164
Kubinzky, Karel A. S. 106
Land Steiermark S. 207
Landesmuseum Joanneum, Bild- und Tonarchiv S. 16
Ludwig Boltzmann-Institut für Kriegsfolgen-Forschung S. 100, S. 113
ÖVP Steiermark S. 109, S. 136, S. 183, S. 188, S. 195
Philipp, Peter S. 140, S. 147, S. 162, S. 176
Presseabteilung der Stadt Graz S. 205
Pressestelle Diözese Graz S. 172

Stefan Karner
Die Steiermark im 20. Jahrhundert
720 Seiten, Broschur
ISBN 978-3-7011-7497-3
€ 19.90
Leykam Verlag

Das 20. Jahrhundert ist auch für die Steiermark eine Epoche voller Dramatik, Umbrüche, Erfindungen. Ein kurzes Jahrhundert, geprägt von Idealen und Enttäuschungen, von Elend und Wirtschaftsaufschwung. Auf der Basis der verfügbaren Dokumente und Gespräche mit Zeitzeugen schildert Stefan Karner die Steiermark im 20. Jahrhundert in Politik, Wirtschaft, Gesellschaft und Kultur.

Aus dem Inhalt:
- 1900–1918 Das Herzogtum im Fin de siècle
- 1918–1938 Das Bundesland
- 1938–1945 Der „Grenzgau"
- 1945–1955 Besatzungszeit
- 1955–1989 Bundesland am „Eisernen Vorhang"
- 1989–2000 Auf in das größere Europa

Stefan Karner
Univ.-Prof., Dr., stv. Vorstand des Instituts für Wirtschafts-, Sozial- und Unternehmensgeschichte der Universität Graz; Leiter des Ludwig-Boltzmann-Instituts für Kriegsfolgen-Forschung Graz-Wien-Klagenfurt. Ordentliches Mitglied der Europäischen Akademie der Wissenschaften und Künste.

„facettenreiche jüngere Geschichte der Steiermark"
Frankfurter Allgemeine Zeitung, Reinhard Olt

„Ein in seiner Bandbreite einmaliges Buch, dessen Lektüre sich auch für Nichtsteirer lohnt."
Die Presse, Ernst Sittinger